U0522459

我的履历书

自传

小仓昌男

［日］小仓昌男 著
周征文 译

Ogura Masao

人民东方出版传媒
People's Oriental Publishing & Media
东方出版社
The Oriental Press

作者简介

［日］小仓昌男

日本强大宅配系统"宅急便"的创始人。1924年出生于东京，1947年毕业于东京大学经济系，1948年入职父亲创立的大和运输公司，1961年成为公司董事，1971年就任大和运输公司社长，1987年就任会长，1991年改任顾问。1993年，因为公司遭遇危机，重新就任会长。1995年，再次辞任会长。1996年，作为YAMATO福祉财团理事长，以从事福利事业的人士为对象，开始举办经营研讨会。

写在前面的话

"我的履历书"是日本最大财经报纸《日本经济新闻》的知名连载专栏,于1956年开设,邀请日本各界及全球的精英亲笔撰写人生经历,每月一人。执笔者中有松下幸之助、本田宗一郎、稻盛和夫,也有英特尔、GE、IBM等企业的经营者。它曾被《读卖新闻》誉为"时代的见证人"。

其中部分"我的履历书"已被编成图书在日本出版,我们从中精选具有代表性的经营者的自传介绍给中国读者。这些经营者都曾面临生存或发展的困境,然而他们都能秉持正念,心怀为人类社会奉献的大义,以顺势而为和热爱思考的态度成就美好人生……

更重要的是,他们深受东方哲学和中国传统文化的影响,一生都在追求正确的为人之道,追求做人应有的姿态,坚持利他的美好心灵,坚持正确的活法和思维方式。这些追求和坚守与中国读者有着文化上的共鸣和"山川异域,风月同天"的内在联系。

实际上,不管时代如何变化,技术如何发达,古今中外的真理都是相通的,追求"作为人,何谓正确"更是一个历久弥新的人生课题。诚如稻盛和夫在其自传中所说:"决定人生的并非好运或厄运,而是我们心灵的状态……对于那些正在认真思考自己人生的人,或者正在认真学习工作和经营精髓的人,我的经验或许可以提供参考。"如果读者能够通过阅读这套自传丛书获得一些启示,借鉴一些经验,我们的出版目的也就实现了。

东方出版社编辑部

我的"志向"

2002年1月1日，我在《日本经济新闻》（译者注：报刊名）上开始连载"我的履历书"。

而在上述连载内容汇集成一册图书并得以出版时，回顾文中内容，我发现，它记录了我从步入社会直至成为YAMATO运输公司经营负责人的全过程。换言之，《我的履历书》写的是我与"宅急便"（译者注："宅急便"是小仓昌男创办的一种快递上门服务）这一服务共同的征途。从我当年决定搞"宅急便"时起，我就一直心无旁骛地向前奋进。如今回想起来，思考和挑战新事物，可谓一件乐事。

明确目的、制定目标、思考实现的方式方法，所谓企业经营，即是这般的思考过程。但有的时候，任凭怎么思考却依然不明白，此时就要先试着实践，很多事情都是实践出真知。通过这样不断试错，不断进步。"姑且实践，其义自见"——这便是我身为企业经营者的心得之一。

经营即浪漫，所以才令人快乐。制定目标、思考方法、付诸实践，这其中的紧张感，简直令人欲罢不能。

而在制定目标时，要明确思考的立足点。所谓明确立足点，即明确视角。若视角不清，则计划难以成功。至于我，则一直重视"百分百的顾客视角"。虽然有点自卖自夸的意思，但"宅急便"之所以能取得成功，正是由于我"想顾客所想"。

在酝酿"宅急便"这项服务时，我并不将其单纯视为企业的业务，而是想把它打造成一种社会性的便民功能。或许我有点儿自视过高，但这是我的"志向"所在。我认为，身为企业经营者，必须要有"志向"。

大众把我这个人贴上了"敢于和官斗"的标签。我为什么要和官去斗呢？因为我厌恶道理不通的事情和现象。或者说，对于这种事情和现象，我是看不过去的。

我身上留着商人百姓的血，骨子里就有一股"敢于和官斗"的脾气。换言之，我不喜欢那种高高在上的权力层。

当年大学毕业后，我便入职YAMATO运输公司，我一度认为这是个"又土又累"的行业。其属于劳动密集型产业，而非资本密集型产业，因而伴随着繁重的劳务管理。其不但耗费精力，而且十分"老土"，工作内容亦趋于近现代模式。

可从 YAMATO 运输公司退任后，我却切身感受到"自己当年选择了一个好行业"——因为快递运输太有"人味儿了"，整天都在和人打交道，干部与员工之间，快递员与顾客之间……这当中，有太多心与心之间的沟通交流。

任何人都有善良的一面和自己的闪光点，所以百分百的"坏人"或"一无是处者"其实并不存在。鉴于此，不管对谁，我都努力保持亲切态度。如果有人问我"你的座右铭是什么"，我会回答"真心和体谅"。

前　言

迄今为止，我干成的最大的事，便是创立了 YAMATO 运输公司的送货上门服务"宅急便"。这种以普通大众为客户的送货上门服务，当时在日本可谓前无古人，属于首创。1995 年，我虽然离开了 YAMATO 运输公司，但依然在持续挑战新的"经营目标"。

如今，我身为 YAMATO 福祉财团的理事长，旨在为残障人士自主自立和融入社会提供帮助和支持。具体来说，是通过福利设施的经营改革，使残障人士的月薪增至 10 万日元以上，并让他们体会到工作的乐趣。

2001 年 10 月 4 日，在位于大阪市的河畔酒店（Riverside Hotel）的一间会议室内，23 名与会者神情紧张。

那是 YAMATO 福祉财团举办的经营研讨会的首日。参加者来自为残障人士提供劳动岗位的各家福利机构，且都是各机构的负责人或职员。2001 年，该"经营研讨会"在日本全国 9 地举办，当天是西日本地区的场次。

研讨会刚开始，我便发言道："在座各位一直在为残障人士而努力，的确十分辛苦。各位想必认为自己在投身崇高的事业，可我却不敢苟同。"

话音刚落，全员立刻露出惊愕的表情。我接着说道："各位做得一点儿都不好。"此话一出口，他们齐刷刷地面露愠色。

"请容我说明原因。对于从事劳动的残障人士，各位发了多少工资？平均算下来，恐怕1个月只有1万日元左右吧。所以我才说各位做得不好。"这下子，在一众愠怒的表情中，有的人似乎被说中了痛点，于是微微低头，视线朝下。我继续说道：

"健全人士有'最低工资标准法'保护，如果用人单位每月只付1万日元左右，就会受到处罚，可残障人士却不在该法规保护之列。即便如此，也不能只给1万日元这样的低工资。"

残障人士的工作机会很少，于是官员或老板们建起了名为"共同作业所"的机构，让残障人士从事简单的代工类作业等劳动。可诸如"捡空罐后踩扁"之类的简单作业，其收入自然少得可怜。平均算下来，每月只有1万日元。6年前，我刚得知该真相时，简直怀疑自己是不是听错了，接着心头涌起的是怒火。说不过去，在富足的发达国家日本，居然还有人在拿1万日元的月薪，这实在说不过去。

虽说残障人士每月还有平均7万到8万日元的"残障基础年金"可领，但光靠这点儿钱，实在没法养活自己。残障人士的父母健在，尚能维持，可一旦父母去世，谁来照顾和接济他们？所以说，不要一味着眼于照顾和接济残障人士，而应该帮助和支持他们自主自立，这才是该有的"父母心"。为了刺激福利机构的运营人士转变观念，我才像上面介绍的那样，故意在研讨会上先说点儿"招人恨的话"。

当然，只付给残障人士那么一丁点儿工资，其实也非这些运营人士的本意。"能多给当然想多给，可给不了又有什么办法"，这便是他们的心声。

对此，我在研讨会上说道："各位为什么只付得出平均1万日元的月薪？这是因为机构经营不善。各位可能想说，低工资归结于残障人士工作能力低下，可其实不然。残障人士也有自己的能力和特长，各位只是没有发现他们的亮点和价值，从而无法助其发挥和运用。"

仔细想来，福利机构的相关运营人士大多缺乏企业经营的知识。而我虽然不懂运营福利机构，但熟悉企业经营。既然如此，就由我来传授他们如何经营吧。在这种想法的驱使下，从1996年起，我开始举办以"福利机构相关运营人员"为对象的研讨会。

再说回西日本地区的那场研讨会，在说了上述那番得罪人的话后，我接着讲道："我现在在经营一家名为'天鹅烘焙'（Swan Bakery）的现烤面包店，给店内残障人士员工所支付的实际月薪平均超过10万日元。我希望各位在本研讨会上有所学、有所得，并活学活用、付诸实践，从而也实现月薪超10万日元的目标。"听我这么一说，与会者们愠怒的表情逐渐平复，会场气氛得以缓和。

作者（摄影：中村成一）

长年从事"扶助残障人士"的福利事业的人，往往对自己充满自信，而且有一种"自己在造福他人、在做好人好事"的自负感。对于局外人的意见，也会明显趋于排斥。也正因如此，我故意采取"休克疗法"——干脆在一开始就说狠话。

数年前，当我首次提出"残障人士月薪10万日元"的目标时，福利机构的相关运营人士们皆态度悲观、极不看好——"这简直是白日做梦""谈何容易"……在遭到如此否定时，我脑中浮现的是曾经的那一幕——当年YA-MATO运输公司陷入经营危机，而我毅然决定推出"宅急便"服务。

所谓"宅急便"服务，即"从普通家庭收件，然后配送至全国各地"。对此，当时公司内部的反应亦类似——所有董事会成员皆反对："快递运输这种小批量的零星件，根本无法获利。"而同业者也断言"（这种服务）势必会造成赤字，YAMATO运输公司命不久矣"。但我确信，这项业务必然会获得消费者的支持。正因为有这样的坚定信念，在运输省（译者注：相当于"交通运输部"）连续5年搁置我们公司关于"物流运输道路通行资质"的申请时，我才会坚决提起行政诉讼，与官僚抗争到底。

基于上述"宅急便"的成功体验，让我"心里有底"。换言之，对于福利事业领域中"残障人士只能拿低工资"的固有观念，我有决心将其打破。这既是身为企业经营者的倔强，也是身为企业经营者的浪漫。

目 录

第一章 成长经历 ………………………… 001
    父亲康臣点子多 ……………………… 003
    母亲伯奈甚贤惠 ……………………… 007

第二章 腼腆的学生时代 ………………… 011
    劳动纠纷,家中遭袭 ………………… 013
    难忘恩师 ……………………………… 016
    最怕语文,算术拿手 ………………… 019

第三章 优秀的绅士教育 ………………… 021
    考上"东高",感激涕零 …………… 023
    校风自由,迷上网球 ………………… 027
    母亲突然亡故 ………………………… 030

第四章 合宿生活,讴歌青春 …………… 031
    野尻湖的合宿生活 …………………… 033

成绩骤降	036
升入高等科，开始住校生活	038
翘课	041
就任网球部队长	045
红磨坊的回忆	048

第五章 入学东大和战争岁月 … 051
马克斯·韦伯令我深铭肺腑 … 053
学徒上阵 … 056
战争结束，回到满目疮痍的东京 … 059

第六章 球场和恋爱 … 061
四处奔走，重建网球部 … 063
为筹生活费而私造糖精 … 067
恋爱 … 071

第七章 与病魔斗争的日子 … 073
形如监禁的抗病生活 … 075
绝望之中，看到希望的曙光 … 076

第八章 初出茅庐的职员岁月 … 077
得知基层内幕 … 079
"安全第一，业务第二" … 083

结婚　　085

第九章　为成为经营者打好思想基础　089
　　对继承人的历练　　091
　　"一家独占垄断"并非好事　　093
　　就任营业部长，惊觉基层之乱　　096

第十章　公司业绩逐步恶化　099
　　进军"长途大批量"货运领域　　101
　　营业额增加，收益率却恶化　　104
　　调研美国，深感惊讶　　106
　　物流革命的苗头　　109
　　与工会交涉　　112
　　"慷慨经营"的局限性　　115

第十一章　就任社长　119
　　大和运输，危在旦夕　　121
　　最黑暗的日子　　124
　　前行方向，露出曙光　　127

第十二章　"宅急便"的诞生　133
　　力排众议，创建"宅急便"　　135
　　收件第一，配送第二　　137

从主妇的角度出发 ………………………… 141
　　最初仅仅 11 件 …………………………… 143
　　以"全员经营"为目标 …………………… 146

第十三章　猫急了咬狮 149
　　行车业务员的喜悦 ………………………… 151
　　与三越分道扬镳 …………………………… 154

第十四章　专注于"宅急便" 159
　　放弃大批量货运，专注于宅急便 ………… 161
　　闻所未闻的行政诉讼 ……………………… 163
　　围绕"P 尺寸"的攻防战 ………………… 167
　　不依靠政治家 ……………………………… 171

第十五章　不断拓展的宅急便网络 175
　　3 年领头羊计划 …………………………… 177
　　开发新服务产品的艰辛 …………………… 180

第十六章　无法容忍"不合理之事" 183
　　邮政省向寄件客户施压 …………………… 185
　　邮政关联法案的猫腻 ……………………… 189
　　从"何为道路"开始讨论 ………………… 194

第十七章　就任会长，深入基层 …… 199
制定"社长引退"规章 …… 201
巡视基层 …… 204
妻子玲子的去世 …… 206

第十八章　离开 YAMATO 运输公司 …… 207
对管理人员，应考核"人品" …… 209
辞去公司一切相关职务 …… 211
爵士、义太夫、俳句 …… 213

第十九章　对福利事业实施"经营改革" …… 219
自掏腰包，设立财团 …… 221
"月薪 1 万日元"，问题出在经营上 …… 225

第二十章　开面包店 …… 231
走遍全国，举办经营研讨会 …… 233
福利事业的"常识"，经济领域的"荒唐" …… 235
"收入 – 费用 = 利润" …… 241
与高木诚一先生的邂逅 …… 246
"天鹅烘焙" 1 号店开张 …… 249
有了加盟连锁 …… 252

第二十一章　与自闭症患者烧炭 ·················· 257
　　邂逅烧炭名家杉浦银治先生 ·················· 259
　　博爱之家 ································ 261

**后记　志在建立"能让残障人士融入其中、工作
　　　其中"的社会** ························ 265
小仓昌男年谱 ······························ 273
解说　"足金老师"与小仓先生 ················ 281

第一章　成长经历

父亲康臣点子多

我生于1924年12月13日，出生地是现在的东京都涉谷区代代木。我家离京王线铁路的初台车站较近，家门前是名为"玉川上水"的引水道。我本有个哥哥，但据家人说，他小时候跌落玉川上水而溺亡，因此我虽然户籍上是家中次子，但父母把我当长子养大。后来我有了两个弟弟，可其中一个在3岁时得脑膜炎病故。算上父亲后来迎娶的继母的孩子在内，我总共有一个姐姐、两个弟弟、三个妹妹。

我父亲是大和运输公司（如今的YAMATO运输公司）的创始人，名康臣；我母亲名伯奈。父亲生于银座，毕业于泰明小学，可谓正宗"东京土著"。中学退学后，他辗转就职过许多行业和公司，最后自己干起了卖蔬菜的生意。当时他拉着拖车，在银座等地叫卖。

据父亲说，他从年轻时起便下定决心——"将来一定要干出一番有意义的事业"。当时，他一边依靠贩卖蔬菜水果积累原始资金，一边敏锐地察觉到了"汽车时代"即

大和运输公司创业初期所使用的卡车（福特T型车）

1935年前后的大和运输公司板桥营业所。入口左侧的招牌上写着"日本首屈一指的运货汽车"。

将到来。

1919年，30岁生日那天，他在银座举办了货运公司——"大和运输株式会社"的成立大会，可谓圆了他的梦想。公司起步资本金10万日元，当时从美国进口了4辆货运卡车。后来我查阅公司沿革时发现，据警察局的登记资料，当时全日本登记在册的卡车总共就204辆，而父亲创立的大和运输公司就占了4辆。这不得不让我佩服。

父亲熬过了关东大地震的危机，公司事业一路发展。从1935年前后所摄的公司营业所的照片可见，招牌上赫然写着"日本首屈一指的运货汽车"，足见父亲志向之远大。

不仅如此，他还有旺盛的"先锋精神"。创立公司时，他并没有采用"私人商铺"的模式，而是引入了"株式会社"（股份公司）模式。而在公司成立4年后，他开始公开招聘大学毕业生，作为公司的候补干部。这体现了他较强的"现代化经营思想"。1927年，他以日方代表的身份，参加了在英国伦敦召开的"万国汽车运输会

"大和运输株式会社"创立当日的父亲，小仓康臣。

第一章　成长经历 | 005

议"，并在回国前顺便考察了欧美。

父亲当时在伦敦看到一家名叫"卡特·帕特森（Carter·Patterson）"的运输公司通过合载混载的方式运送小件小批量货物，甚为佩服和感叹，于是在回国后引入了这一模式。该模式后来在关东地区一带做出了口碑，成为大和运输公司的一项响当当的服务——"大和便"，它也奠定了公司日后进一步发展的基础。而且此"大和便"亦可谓"宅急便"的原型。除此之外，他也点子多多，并敢于实行。比如在为要结婚的新人提供搬家服务时，他会让员工在顾客的行李物件上盖上蔓草纹饰的布（译者注：在日本传统文化中，蔓草纹饰象征着旺盛的生命力，是吉祥之物，常用在婚礼嫁娶之类的喜庆场合），在城市街道招摇过市，给顾客挣足面子，让顾客大为高兴。

父亲在美国时，曾和福特汽车的创始人亨利·福特（Henry Ford）握过手，这成为他一直引以为傲的谈资。由此可见，父亲无疑是个富有进取心的人。

母亲伯奈甚贤惠

在家庭生活中,父亲十分宠爱孩子。小时候,只要一到星期日,父亲几乎都会开着车,载我去高尾山等地方玩。当时我容易晕车,所以坐一整天车的确不好受,但下车漫步高尾山顶的感觉实在太爽。此外,父亲当时是霞关乡村俱乐部的会员,因此是高尔夫球场常客,而他打球时也会带上我。我至今还记得自己当时在球场玩耍的场景——要么抓蜻蜓,要么拿着儿童用球杆模仿挥杆动作。而去高尔夫球场最大的乐趣,则要数那里美味丰盛的午餐。可怜母亲每次都只能守在家里,简直成了"高尔夫寡妇"(译者注:"高尔夫寡妇"是一个调侃词,指的是丈夫因整日沉迷于高尔夫而冷落家中妻子,搞得妻子守活寡一般)。

父亲还喜欢把公司员工往家里带。这也让我从小体察到了什么是企业氛围以及父亲的领导地位,从而使我明白,自己的父亲是个有威严、有权力的人。可父亲一方面很讲人情,一方面又有东京人典型的急性子和暴脾气,因此有时甚至会对员工动拳头。在我看来,父亲这方面的性格缺陷，全靠母亲的默默支持，才得以弥补。

比如，当时每年的元旦，父亲都会叫一大帮员工来家里喝酒吃饭，这已是惯例。而做菜和张罗全凭母亲一人，所以她每次都十分辛苦，从年三十就得开始忙，要熬夜烹煮什锦年节菜和红烧炖锅之类。

而元旦酒宴开始后，因为有的员工酒品不太好，所以餐桌上吵架几乎是每年的"保留节目"。父亲每次都会火冒三丈，指着员工的鼻子吼道："你们被解雇了！"而母亲则拼命调停劝解，替员工们求情。多亏了她，许多员工都保住了饭碗。

母亲生于群马县馆林市，她朴素、稳重、踏实、保守、谨慎，可谓与父亲形成鲜明对比。记得我读小学时，穿的是厚厚的法兰绒外衣和帆布运动鞋，这在当时属于较为老土的打扮。而当时同班同学中有个人很时髦，他穿的是哔叽料的外衣和高筒皮鞋，在一众学生中脱颖而出。

母亲伯奈

我对此十分羡慕，于是求母亲给买那样的衣服和鞋子，可母亲对我严厉训斥道："小学生没有必要赶时髦！"由于家境属于富裕，母亲当时完全有能力给我那样的服饰。如今回想起来，她当时之所以拒绝并训斥我，其实是为了告诫我切勿炫耀和攀比，真可谓贤妻良母。

再说回脾气暴躁的父亲，工作结束回家后，如果没能立马开饭，他就会发火，拿起碟子和小钵扔向母亲。他虽然对孩子十分宠爱，但对自己的妻子却时不时如此粗暴。对此，母亲每次都是默默忍耐，一声不吭，而我和姐弟也只能害怕得躲在角落一动不动。我在成人并拥有自己的家庭后，一直努力关爱全体家庭成员，做到态度温柔。所以说，虽然我尊敬父亲，但在一些方面，他也是我的反面教材，促我引以为戒。

第二章 胭脂的学生时代

劳动纠纷，家中遭袭

在我即将入读小学的 1931 年，家中发生了遭袭事件。当时，父亲经营的大和运输公司遭到了左翼团体的渗透，他们通过左翼工会等渠道，以员工应聘入职的方式，把自己人安插到父亲公司里，从而在公司内部挑起劳动纠纷。当时经济大环境极不景气，各地各企业罢工频发，再加上日军挑起的九一八事变，搞得时局动荡。

同年 2 月，大和运输公司的 14 名快递员突然提交了要求加薪的请愿书。以父亲为首的经管层表示拒绝后，工潮组织就开始采取过激行动。连续好几天，行驶中的公司运输卡车遭到石块抛掷袭击，甚至有司机由于被袭而负伤。这种暴力行为日渐升级，搞得警察不得不劝父亲暂时不要回自己家。

而我则被母亲领着，跑到了位于神奈川县汤河原的一家温泉旅馆"避难"。我记得这种没法回家的状态持续了一个月之久。虽说每天都有温泉泡，但对孩子而言，那日子真是无聊到不行。

当年劳动纠纷发生时的相关报纸报道及传单

待回家后一看，家中果然被袭。当时我们家已经搬到了杉并区（东京的地名），走进久违的家门，发现玄关的大门被砸破，拉窗和隔扇被毁坏，可谓一片狼藉。

这番景象在我幼小的心灵中植入了对"工会"的恐惧。此外令我印象深刻的是，自那以后，父亲经常会说"对员工要抱有爱意，但对工会要无情打击"。不过后来从父亲那里继承了公司后，我逐渐感悟到，其实"企业经营少不了工会"。

难忘恩师

上述劳动纠纷在不到 50 日内告终,我也得以在 4 月份入读幡代普通小学。我至今还记得开学典礼当天在校园里盛开的美丽樱花。我的这所母校至今依然存在,如今已改名为涉谷区立幡代小学。在 2001 年末,该校还迎来了 120 周年校庆。

学校面朝甲州街道,门前就是"玉川上水"引水道。当时的甲州街道还是砂石路,路中间跑的是京王电铁运营的有轨电车。

前面提到,当时我家已搬到杉并区,位于代田桥车站旁,所以我每天上学坐电车到初台车站下,放学后则和小伙伴们聚在一起,在校园或空地玩耍。

当时经常玩的一个游戏叫"军舰游戏"。大家分成两组对抗,每组中当战舰的帽子正戴,当驱逐舰的帽子横戴,当水雷艇的帽子反戴。游戏规则很简单——战舰能赢驱逐舰,水雷艇能赢战舰,驱逐舰能赢水雷艇,当时我和小伙伴们很迷这个游戏,大家奔跑对抗,不亦乐乎。玩完,我便与他们道别,一边望着晚霞,一边沿着玉川上水,悠悠地走两公里回到家。换言之,我当时就是个普普通通的小屁孩,且属于老实腼腆型。

而我难忘的小学恩师,是四年级起的班主任石井绅三老师。他负责教体育,很有威势,如同"大哥"一般,在我们学生中人气颇高。

1934年9月8日,起因不明的大火使学校校舍全数烧毁。当晚值班的是石井老师,在大火面前,他不顾危险,冲进校舍,"抢救"出了天皇和皇后的御照。第二天,报纸大幅报道了他的壮举。校舍被毁,我们不得不借用他校校舍上课,这的确令人沮丧,但石井老师充满责任感的行为,使他成为大家心中的英雄。而作为他的学生,我们也脸上有光。

春天的幡代普通小学校园，樱花灿烂盛开。

1937年，作者从幡代普通小学毕业，后排中间为作者。

最怕语文，算术拿手

至于学习成绩，我当时在班级中算好的。但有一个人，我完全考不过，他就是藤冈真佐夫。后来我们一同考入东京大学，他学法律，我学经济，等于完全分到了不同的系，但在那之前，从小学到旧制高等学校，我们一直同班。大学毕业后，他进入大藏省（译者注：相当于"财政部"）工作，后来任亚洲开发银行总裁，是个标准的"学霸"。

我最不擅长的科目是语文和体操。尤其是语文的作文，实在令我头痛。比如语文老师叫我们以"远足"为题写作文，我就会这么写："去了哪里哪里，大家一起吃了便当，玩得很开心，完。"连作文稿纸的一半都没填满，可我却不知如何是好。

但我的理科还行，其中最拿手的是算术。记得当初在学"种树问题"时，有道题问："一条100米的道路，每隔10米种一棵树，总共需要种几棵？"答案是"$100 \div 10 + 1 = 11$棵"。这最后的"+1"令我十分赞叹，从此就爱上了算术。之后学的"鸡兔同笼问题""时钟问题""出发到达问题"等也都很有意思。回家后做作业时拼命思考解题的过程，对我而言可谓一大乐趣。

如果有人问我，在学校学到的什么东西在毕业后派上了用场？我会立刻回答"小学算术"。自己通过解算术题而养成的"按条理思考"的习惯，对我后来的企业经营活动大有帮助。换言之，企业经营，其实也就是一种逻辑的层叠。

第三章 优秀的绅士教育

考上"东高",感激涕零

1937年,我从幡代普通小学毕业。如今回想起来,我当时对要升入的中学的选择,对我后来的人生道路有着极为深远的影响。

当时,我的第一志愿是位于中野的旧制东京高等学校(通称"东高")的普通科(初中部)。该校优秀学生济济,是响当当的名校。第二志愿是旧制府立第四中学(如今的都立户山高等学校)。

小学期间,我并未接受什么针对性的应试培训,但母亲十分关心我的教育问题,因此从小学四年级起,她就为我请了家庭教师,让其跟进我的作业情况和成绩表现。到了六年级,班主任石井绅三老师以打算考初中的学生为对象,开展了课后补习活动。可那时的我并非"拼死努力型"的学生,每次课后补习时,我都会盼望早点结束。当时我没手表,但知道街灯会在下午4点亮起,因此总是时不时地朝教室窗外张望。

等到我要应试的那年,东高普通科的入学考试形式突然改革了。作为尝试，校方决定取消笔试，所有科目皆采取"口头问答"的形式。或许是这样的形式变化对我有利，我最终考上了东高。那一年只招80名新生，可参加考试的人数却是该名额数的12倍，可谓竞争激烈。在收到录取通知书时，我实在是感激涕零。

入学后，当时在东高教物理的大岛久次郎老师曾对我说"多亏了你母亲，你才能进这所学校的"。原来，大岛老师的夫人恰巧是幡代普通小学的老师。而在我考试前，我母亲通过该夫人的介绍，前往大岛老师的府上拜访。

母亲到了老师府上时，天开始下起了雨。"不让学生家

东京高等学校讲堂，摄于1936年。

长进屋"是大岛老师的原则，也许是看到母亲站在玄关外淋雨太可怜，老师最终破例，让她进了屋。母亲的这次拜访，应该不至于决定了我的合格，但她又是为我请家庭教师，又是去老师家中拜访，这份母爱，的确在默默为我助力。关于这件事，母亲本人从未直接告诉我。而大岛先生对我说这些，想必是要我感谢母亲的用心良苦。

东高的特色是"7年制"。纵观当时其他的旧制高等学校，无论是以第一高等学校（通称"一高"）为代表的8所"以数字为校名的高等学校"（"一高"到"八高"），还是像新潟高等学校等16所"以地名为校名的高等学校"，皆为3年制。而东高与众不同，其包含普通科（4年）和高等科（3年）的学习，总计7年。当时文部省（译者注：相当于"教育文化部"）所承认的7年制高等学校，在全国也只有8所，而其中国立性质的，就只有东高这一所。作为政府对于"初升高校内直升"模式的试验田，该校成立于1922年。

开学典礼当天，意气风发、满怀希望的80名新生齐聚讲堂，由近泽道元校长训示讲话。而他的话，实在令我醍醐灌顶。

他说道："从今天起，学校会以绅士的标准要求各位，请各位注意自己日常的所言所行，不要给绅士这个称号抹黑。"

我原以为校长讲话的内容肯定是诸如"各位同学要好好学习"之类。而近泽校长这番出其不意的训示，的确让我们这些昨天还在调皮捣蛋的顽童们既震惊，又振奋。

校风自由，迷上网球

东高普通科把新生分成两个班级，每班40人，授课内容的水准非常高。一方面是因为教高等科（高中部）的老师兼教普通科，另一方面则是因为校内名师云集——比如英文学者泽村寅二郎、赖山阳的曾孙——汉文家赖成一，等等（译者注：赖山阳，本名赖襄，字子成，号山阳，通称久太郎，是日本著名的汉学家。生于1780年，著有《日本外史》等书）。

除了授课方面，东高的一大亮点在于校风自由。从初代校长汤原元一、第二代校长塚原政次郎，再到我在校时就任的第三代校长近泽道元，皆贯彻着这样的校风。据说从创立之初，东高就以英国名校"伊顿公学"［译者注：伊顿公学（Eton College）由亨利六世于1440年创办，其以"精英摇篮""绅士文化"而闻名世界］为榜样，所以才树立了"培养绅士"的立校宗旨。换言之，不搞"填鸭教育"，而是重视学生的自主性。再加上"校内直升"的模式，学生们没有中考压力，因而整体校风偏向于轻松从容。

换言之，学生可以专注于自己的兴趣。喜欢运动的可以去运动，喜欢采集昆虫的可以去采集昆虫，喜欢研究英语的可以去研究英语。反之，对于不感兴趣的活动，也可以不参加。这种自由随意的氛围，是整个校园的主旋律。

由于我已经考入了东高，虽然我参加了第二志愿的府立四中的初试，但后来复试我就没去参加了。前面说过，我不是那种"拼命努力型"的学生，假如我进了学习氛围浓厚的府立四中，恐怕会沦为后进生。这也让我由衷庆幸自己进了东高。

入学后，我很快加入了网球部，至此开始埋头打球的生活。我这人其实运动神经迟钝，而之所以会选择网球，缘于同年级的熨斗隆文。有一天，熨斗君对我说："班级间对抗赛，我被派去参加网球项目，可我从没打过网球，实在犯愁，你能替我上吗？"于是我趁午休时，去网球场试了几把，结果上了瘾，从此欲罢不能。

熨斗君后来和我一起考入了东京大学，直至今日，我们仍是交心的挚友。在那段学生时代，每到暑假，我就会去他位于世田谷区经堂（地名）的家中玩耍，或从早聊到晚，或躺在他家客厅的榻榻米上，看他家里放着的《夏目漱石全集》。

我从小学起就喜欢看书，在"允许自由随性"的东高普通科期间，我也看了不少书。当时位于代田桥的自家中的玄关前面就是一个西式的客厅，里面摆着父亲买来的各种全集，而阅读这些全集，便是我的乐趣之一。比如《小学生名作全集》，我花了从小学到中学的时间，几乎通读了一遍。而看《三千里寻母记》和《十五少年漂流记》感动落泪的情景，我至今依然记忆犹新。此外，诸如大众小说全集之类，也是我暑假打发时间的绝好手段。我尤其喜欢吉川英治（译者注：1892—1962，被誉为"日本国民作家"）和白井乔二（译者注：1889—1980，日本著名的时代小说作家，可谓日本大众文学的巅峰）的作品。

母亲突然亡故

助我升入东高的母亲，在我念普通科三年级时，因脑溢血而病故，享年45岁。她本来就有高血压，而当时又忙于张罗操办外甥女的婚礼，此番劳累，或许是导致她脑溢血发作的导火索。母亲的亡故，令我心中空空荡荡，当时将近一个月，我都戴着黑袖章上学。就连大和运输公司里，也有一些员工因为我母亲的去世而悲伤痛哭，简直如同自己丧母一般。他们就是那些正月里在我家喝醉后被我父亲骂，多亏了我母亲的调停劝和才保住工作的人。

第四章 合宿生活,讴歌青春

野尻湖的合宿生活

回顾旧制东京高等学校的那段时光,除了专注于网球,合宿生活亦令人难忘。普通科(初中)和高等科(高中)各有一次,两次皆让我收获颇多。

东高在长野的野尻湖畔拥有校方自己的宿舍。当时规定,普通科一年级的全体学生都要去那里参加"合宿游泳集训"。记得那是暑假的一个傍晚,我们这些学生在上野车站集合,然后乘坐"信越本线"铁道线路的夜行列车,前往目的地。当列车以"Z字形"驶上碓冰峠的陡坡时,已经是深夜了。当时这段陡坡铺设的是爱伯特式齿轨,因此列车只能缓慢地往上爬。

列车在轻井泽换火车头后继续行驶,到达佐久平时,天都要亮了。之后列车经过小诸、上田,暂时停靠上野时,我洗了把脸。我们最终在名人小林一茶(译者注:1763—1827,日本江户时期著名俳句诗人)的故乡柏原车站(如今的黑姬车站)下车,然后步行至野尻湖,当时只见森林中有一栋建筑,其红色房顶被映衬得颇为显眼。野尻湖本身并不算很大，但湖畔有被称为"老外村"的别墅区，属于较为漂亮别致的避暑地。

合宿集训活动持续10天左右，游泳部有数名学长参加，负责指导我们。在集训期间，我的游泳技术没有大长进，不过能在宿舍娱乐室里玩玩游戏，在音乐室里听听古典音乐，让我感到乐趣多多。尤其是音乐室的体验，着实令我难忘。那里面设备齐全，有大型留声电唱机和SP黑胶唱片，且交响乐唱片非常全，包括贝多芬等各大名家的，几乎应有尽有。当时贝多芬的《命运》颇有人气，而《皇帝》《田园》等也是热门。柴可夫斯基的《悲怆》和《钢琴协奏曲》亦是我常听的对象。而在音乐小品集方面，男低音歌手夏里亚宾（Feodor Chaliapin）（译者注：俄国男低音歌手，被誉为"低音歌王"）演唱的《伏尔加船夫之歌》和《跳蚤之歌》人气很高。

听了如此多的唱片，陶冶了我的情操，丰富了我的感性，对我之后的人生大有裨益。再加上集训时也不强制学生一定要学习，所以我除了玩游戏和听音乐，还会在湖上泛舟，在大自然的包围下，闲适地享受时间。直至今日，那湖水泛起波纹的景象，我依然历历在目。可以说，野尻湖是我精神的故乡，心灵的归宿。

当时普通科学生在东高野尻湖宿舍进行游泳集训的场景

成绩骤降

说到我在东高普通科期间的成绩，就非常拿不出手了。当初入学考试时，同为幡代普通小学毕业生的我和藤冈真佐夫都合格了，这让东高的老师惊叹幡代普通小学的教学水平之高。因为东高是极为难考的名校，纵观东京的各所主流小学，每一所能有1名学生被东高录取的话，就已经算很不错了。可一年级的第一学期刚结束，我头上的"光环"就消失了——全年级80名学生，我的综合成绩排在第79位。我不清楚藤冈君当时的成绩具体如何，但"年级前三"应该是八九不离十。后来我得知，当时老师都感到错愕——两名都来自幡代小学的学生，彼此间的成绩差距居然拉得这么大。

当时，由于东高普通科不举行学期结业式，因此成绩表会在放假后邮寄到学生家里。如果学生有一门科目一学年连续挂科，就有留级之虞。而每次期末考，我要么英语挂科，要么几何挂科。所以每次学期结束一放假，我每天早上都会站在家门口的邮箱前，忐忑不安地等待学校寄来的挂号信。

至于成绩如此不佳的原因，除了整日热衷于网球，还包括"不懂在考试中拿分的要领"和"缺乏竞争精神"。1941年，我总算顺利完成了普通科的学业，这令我如释重负。

升入高等科，开始住校生活

升入高等科后，突然感觉自己成了大人。当时一年级的学生共有160人，其中80人是从普通科直升过来的，另外80人则是从其他中学考进来的。这种1∶1的搭配效果显著，来自其他中学的学生惊叹于普通科出身的学生那种"坦然从容不拼命却也成绩不错"的高基础和水准，而普通科出身的学生亦惊叹于来自其他中学的学生那种"千军万马过独木桥而来"的拼劲和进取心。换言之，双方都受到了激励和启发，因此我觉得这种"混搭"制度非常好。

高等科分文理，文理各80名学生，然后再根据所选的第一外语，进一步分为甲、乙、丙组。甲为英语，乙为德语，丙为法语。我选择的是"文乙"（文科乙组），因为我不擅长英语。但由于是零起点，学德语也难得我够呛。好在当时年级里有个学生，他被誉为"德语比老师还行的神人"，于是我去和他的好友们套近乎，从而获得了"考试题预测"之类的有用信息。

高等科一年级的全体学生都必须住校，哪怕是东京本

东高大成寮的正门入口

地学生亦不例外。学校里有专门的学生宿舍,名为"大成寮"。该宿舍也秉承了"学生自治"的自由原则。学生们24小时同住同学,时而为文学问题等发起论战。在我看来,对年轻人而言,这种辩论和争论,亦不失为一种迈向成熟的原动力。

学校规定,宿舍生活原则上以"3人一组"为单位。宿舍一楼是自习室,二楼是配有床的寝室。与其说是学生宿舍,不如说是标准公寓,非常整洁。

回顾那段宿舍生活,几乎没有发生过"暴风级"事件。所谓"暴风",是指学生在半夜大唱宿舍之歌,或者大步走来走去的野蛮捣乱行为。不过"骤雨级"事件还是有的,在寝室和舍友高谈阔论正在兴头,突然尿意来袭,于是直接站在窗台上往下"降雨"。对楼下的人而言,这实属恼人行为。

至于高等科校园生活的亮点,则要数秋天的纪念庆典了。一到那时候,各班级和运动部、文化部等社团都会借用教室,举办成果汇报展。当时十分流行对时局予以讽刺,因此学生在成果汇报展中也会竞相追随这种潮流,但我觉得其中多为矫揉造作的无聊内容。比起汇报展本身,我其实更中意庆典期间的"校园对外开放"政策——原本禁止外来女子入内的校园,在那时候却允许学生的家人和熟人来访,包括女性,而这才是让我开心和激动的。到了纪念庆典日的夜晚,大家会点起篝火,和着太鼓的节奏,跳起"东高舞"。这可谓最青春、最朝气的时刻。直至今日,只要是东高同学聚会,我们仍然会跳起"东高舞",这已成同学会的惯例。

翘课

就读高等科期间,我时常翘课。当时学生之间把这样的翘课行为称为"Escape(出逃)",而我每次"出逃"后,要么去宿舍或校园内躺着看书,要么去看电影。而老师为了防止学生翘课,会在每次正式上课之前点名记考勤。

当时我所在的教室位于一楼,且我的座位位于面朝讲台左侧靠窗处的第一排。在这样的"地理优势"下,趁老师背朝学生板书时,我便能跳窗出逃。不过由于住校学生穿的是橡胶材质的拖鞋,因此跳窗落地时会发出很大声响,这是一大难点。

当时学校规定,如果学生的出勤日数不到整个学年授课日数的三分之二,就会被留级。如果学年结束时出勤日数还不够,那就玩儿完了。为了避免这种情况发生,翘课的人请同学帮忙,在老师点到自己的名字时"代为报到"便成了家常便饭,当时大家把这样的"代为报到"简称为"代报"。

同年级的及川知行当时经常拜托我为他"代报"。他缺勤数极多，甚至创造过"学年总缺勤日数再多一天就要留级"的"壮举"。但为他"代报"可不容易，当时学校编排教室内座位顺序的规则是"以靠窗的最后一排为起点，按照学生姓的日语五十音图顺序，从后往前排"。我姓小仓，坐第一排，他姓及川，所以刚好坐我后面。要我为他"代报"，就等于老师点名时，我得连续叫两次"到"。虽然我会故意变声，但我觉得老师是察觉到的。等到了期末，为了保险起见，我有时只能在叫到自己名字时不应答，从而保证及川君的出勤日数。及川君大学毕业后入职于农林省，且成为全国公务员工会领导。1947年（昭和二十二年），他因指挥发动全国各行业全面总罢工而闻名。

听课姑且不提，但在高等科时期，我的确看了不少书。我遍读家中的世界文学全集，尤其对莫泊桑和纪德等作家的作品入迷。而诸如托尔斯泰的《复活》、陀思妥耶夫斯基的《卡拉马佐夫兄弟》、和辻哲郎的《古寺巡礼》、阿部次郎的《三太郎日记》等当时的"旧制高中生必读著作"，我当然也一本没落下。此外，我还看完了《夏目漱石全集》。换言之，我虽然经常翘课，没有好好学习文化课，但在以自己的方式学习。

至于学习成绩，由于在升入高等科后逐渐掌握了要领和诀窍，因此我的成绩在年级中一直稳定居中。在这样的

就读东高时,与学友们的合照。末排从右往左数第二个为作者。

条件下,我得以投入爱好,自由随性地享受校园生活。我有时甚至会和要好的熨斗君溜出教室,去一趟说走就走的小旅行。比如在爽朗的秋日,讨厌窝在教室,结果一转眼,我和他已在"中央本线"铁道线路的火车里了。

为了去看信州的红叶,我们坐火车直达小渊泽,然后又换乘"小海线"铁道线路的列车。坐到清里后,我们下车,在周边闲逛了一阵,然后再接着向轻井泽出发。到了碓冰峠后,我们一边欣赏红叶,一边缓步下山,等走到山脚时,已经快要黎明了。而我们俩都只穿着木屐和斗篷。

那时候,电影我也看了不少。当时从学校步行20分钟左右，就有一家放映经典老电影的影院。影院二楼是榻榻米房间，方便躺着看电影。像高峰三枝子出演的《暖流》等名片，我都不知道看了多少遍。不过只要一到下午3点，我都会奔回网球场。

就任网球部队长

作为网球部成员，我十分热心，可球技很逊。学长们出于情面，有时会让我在比赛中上场，但在我的记忆中，自己似乎从未赢过。

正因为如此，当学长们任命我为第17任队长时，我着实吃了一惊。而学长们解释道，之所以选我当队长，是因为我"虽球技粗糙，但斗志顽强，是块当队长的料"。

东高的网球部历来重视意志、韧劲、规矩和礼仪。学长们的抬爱激励了我，于是我接受了队长一职，并全力投身于制定练习计划等与网球部运营相关的工作。当时虽然还有点儿懵懂，但我内心已认识到，自己未来早晚要继承父亲的公司，而运营网球部，亦有利于培养自己的领导能力。

从1941年起，由于太平洋战争爆发，高中校际网球比赛就被突然叫停了，整个国家的"战时状态"氛围日益浓厚。即便如此，我依然每天埋头于网球。由于物资紧缺，当时连运动鞋都买不到了，于是学校网球场出现了"一群

与旧制浦和高等学校的比赛,照片近景处的人为作者,摄于1941年。

人光脚打球"的奇特景象。不过那时在练习结束后,至少还能在校门口的荞麦面店喝杯生啤再走。这和之后的日子比,已经还算不错了。

直到毕业,网球部都是我高等科学生时代的几乎全部。尤其在当上队长后,我承蒙了多方前辈学长的照顾和指导,其中既有东京大学学生,也有已经步入工作岗位的人士。这成为我受益一生的珍贵人脉,令我不胜感激。

而说到当时东高校内的学长,其中不少都是兄弟皆就读于此。包括平田伯爵的儿子克己、正治(后来人们熟知的松下正治）和义温（后来人们熟知的三岛义温）三兄弟，千叶县佐仓市的名门望族堀田家的正久、正之（后来人们熟知的坂田正之）、正己三兄弟，以及日本经团联首任会长石川一郎先生的儿子馨、洁、诚三兄弟等。尤其是松下正治学长，后来我和他同属日本经济同友会，所以经常碰面。

而石川馨学长后来成了品质管理领域的权威，石川洁学长则当上了三菱石油公司的会长。我猜想，或许是由于先入校的哥哥对东高的好评和推荐，所以弟弟才会也考进来。

而我在东高讴歌青春的岁月，也随着时局的日渐紧迫而临近落幕。到了高年级，政府要求学生去工厂义务劳动，而我被分配到日立制作所的龟有工厂，每天都要制作用于铸件的木质模具。而毕业所需的学习时间也被缩短了半年，所以在1943年9月，我便从东高毕业了。

回顾在东高的时光，虽然我在文化课学习方面较为懈怠，但从普通科到高等科连续6年半不间断的网球生涯，则成了我无可替代的宝贵财富。而对于东高历任校长竭力推行"绅士教育"的精神，我亦感激不已。在成为企业经营者后，我之所以敢于和"以规章制度为借口来妨碍民营企业发展"的官僚们抗争到底，很大程度上是受到了东高"自由自主""自我负责"的教育方针的影响。

红磨坊的回忆

说到东高高等科时期的回忆,还不得不提"红磨坊"。由于住校,其实比在家要自由,所以天黑之后,我经常去繁华闹市溜达。我当时会故意戴上破帽子,在穿在外面的斗篷的腰间别一条手巾,脚上踏着高木屐,阔步于大街小巷,且故意把木屐踩得哒哒作响。与当时的"一高"等学校相比,东高学生较为文雅,校风也趋于西化。即便如此,在那样的学生年纪,对于那种"敝衣破帽"(译者注:这是当时日本旧制高等学校的学生中较为流行的"年轻反叛风格装束")的打扮,我还是非常憧憬的。

当时,东高学生常去新宿玩。那里除了"武藏野馆"等电影院外,模仿法国巴黎同名的歌舞话剧表演厅而建的"红磨坊"亦是人气之地。那里上演着"喜剧"和"娱乐节目"之类的歌舞秀,表演者包括当时的名角明日待子和左卜全等。而我也是红磨坊的爱好者,在高等科一年级的暑假,甚至创造了一周去看10次的纪录,这一度令我成为"知名常客"。

升入高等科、成了高中生后，我学会了抽烟。自不必说，在看红磨坊表演的中场休息间隙，我也会来一根。有一天，我难得回家，一进家门，继母就对我说道："你是不是抽烟了？"我的继母叫中山芳，父亲于 1940 年与她再婚。

继母中山芳和家中四妹小仓正江的合照

我父亲时而也会去红磨坊，有一次恰巧撞见了我在那里吞云吐雾。据他后来说，当时他真的还挺震惊的，是继母劝他"（儿子）已经不是小孩子了，别发火了"。继母毕业于高等女子学校，属于知识分子，爱看《源氏物语》等名著。对于当时处于思春期的我，她循循善诱，避免我误入歧途。不幸的是，她后来患上了肺结核，于 1944 年病故。我其实挺喜欢她，她如果能健康长寿该多好。

第五章 入学东大和战争岁月

马克斯·韦伯令我深铭肺腑

1943年10月，我考入了东京大学，就读于经济系。之所以选择经济系，是因为考虑到自己将来势必要继承父亲的公司，但我当时填报的志愿并非经济系中的经济学专业，而是竞争倍率较低的商学专业。至于考前复习，也就是和好友窝在山中湖（译者注：日本的"富士五湖"之一，是富士五湖中最大的湖泊）的别墅里突击一个暑假，没想到自己还真考上了。所以说，纵观整个学生时代，我其实从未体验过那种真正严酷紧张的应试复习生活。

考入东大后，我戴上了一直憧憬的角帽，阔步于本乡校区周边的街道上。至于课程，最令我印象深刻的要数大塚久雄教授讲的"欧洲近代经济史"。尤其是从圈羊务农到发明蒸汽机的英国工业革命史，其内容十分有趣，令我至今记忆犹新。

此外，学校关于马克斯·韦伯（Max Weber）《新教伦理与资本主义精神》的课程讲义亦令我深铭肺腑。我之前以为，资本主义经济的本质无非是"以供求和供给关系为推动力"而已，但马克斯·韦伯则指出"伦理在其中的重要性"，并强调"伦理与宗教不可分割"。这点尤其令我印象深刻。我认为，在我后来经营企业的生涯中，该课程讲义对我起到了潜移默化的作用。或者有人因此觉得我这个人"沉香味十足"（译者注：比喻一个人充满"宗教味儿"），但我至今仍然坚信，企业价值观的核心，应该包括伦理。

至于"外文书选读"科目，教我的是今野源八郎教授。他当时把弗里德里希·李斯特（Friedrich List）的《国民经济学》（德语原版）作为教材。不仅如此，今野教授还负责讲"交通论"课程。想到自己毕业后肯定要进入父亲的大和运输公司工作，因此对于他的课，我一直热心听讲。

今野教授曾留洋美国，是一位气质优雅的中年绅士，当时他家住神奈川县的叶山町，每天往返于叶山町和东大本乡校区。而他通勤的交通手段，居然是开私家车。他开一辆英国摩根牌的 Roadster，这在当时的大学教授中实属稀罕。而我第一次知道这事儿时，着实吃了一惊。

再说回"外文书选读"科目，当时规定，该科目的听课人数应该在 20 人以上，可由于"学徒动员"（译者注：学徒动员全称为"学徒勤劳动员"，从第二次世界大战末期的 1943 年起，日本国内劳动力短缺的情况日益严重，因此政府动员初中以上的学生加入军需品和食品生产的工作），几乎没有学生来听课，每次都出席的"常客"只有我和另一名同学。因为人数实在太少，所以改在今野教授的研究室进行的这门授课，经常变成"喝茶+杂谈"，这几乎接近"一对一"的个人授课形式。

摄于东大的照片。右边为作者，摄于 1943 年。

有如此得天独厚的机会，我当时如果再认真点，多向他请教一些重要问题该多好。每每想到这点，我都感到后悔。

学徒上阵

没过多久,考上东大的欢乐便被战争剥夺。在我入学当年的 10 月,政府废除了针对文科生的"征兵延期政策"。当时在神宫外苑的体育场,举行了"上阵学徒"的壮行活动。

我亦不例外,接受了征兵体检,被列为"第一乙类合格人选"。那段时间,大学校园内的学生日渐减少。原因很简单——想到自己不久后就要参军,任谁都会丧失学习的意欲。而粮食供应也日益紧张,只有持有"外食券"的人,才能在学校食堂用餐。总之,整个东大校园都变得萧瑟落寞。

而前面提到的"学徒动员"也日渐强化。许多学生都被分配到农村,去干改良耕地的活儿——在田地中央挖好长渠,埋入水泥管,从而实现较为高效的暗渠排水。

我一开始被分配到千叶县的一宫町,干活和住宿都在那里。第二年又被分配到静冈县修善寺南边的古奈温泉那里。而和我一同考入东大经济系商学专业的熨斗君也在那里，还有一些毕业于其他旧制高中的学生。有这么一批谈得来的人，为我在古奈的"学徒动员"生活增添了一些欢乐的色彩。毕业于松本高等学校的岩佐瑞夫，便是在那时结识的新朋友之一。岩佐君后来当上了东京电力公司的副社长。此外，由于古奈是温泉胜地，当时能每天泡温泉，这也是一大乐事。

而最为难熬的，则要数饿肚子的感觉。进预备士官学校当天，部队给的是红米饭，我还以为这里顿顿红米饭，结果之后给的都是掺高粱的饭，大半学生都营养失调。这种状况的持续，使得半年后，部队不得不中止针对新生的军演训练。

在预备士官学校的合影，后排从左往右数第二个为作者，摄于1945年。

不仅如此，在这种饥饿的折磨下，有的学生开始偷窃，有的学生计划逃走，整个预备士官学校充斥着杀伐的气氛。连战场都还没上，人的伦理观和道德心就已被饥饿侵蚀至此，这实在令我不忍直视。日后自省时，发现自己当时也有意志薄弱的倾向，这曾使我一度陷入自我厌恶的心境。

第五章 入学东大和战争岁月

当时部队驻扎在位于蒲郡的一所农业学校，士兵们征用了校舍，住在里面。由于校舍中的住宿相关设施不足，当时的中队长命令我道："小仓见习士官，你去指挥几个下级干活，在学校搭建炊事场地和厕所。"对此，我问道："资材在哪里呢？"结果对方答道："你自己想办法去弄。"

这让我不知如何是好，正犯愁时，一名下级士官对我说"包在我身上就行"。我很纳闷他怎么能搞定这事，结果他从附近的河滩捡来石头，又在山中挖了堆土，不一会儿就搭好了土炉灶；他又在学校后门处掘出沟渠，然后向附近农家要了些竹竿和几捆稻草，搭出了厕所的"屋顶"和"围墙"，且作业速度极快。

这令我十分惊叹，也让我切身认识到"只要有干劲，没有条件创造条件也能上"。虽然这段军队生活大多是不快乐的回忆，但令我领悟且铭记"只有不尝试，没有做不到"的道理，则可谓其中的巨大收获。

战争结束，回到满目疮痍的东京

不久后，宣告战争结束的《终战诏书》之声响彻全国。说实话，比起"我们国家败了"的感慨，我个人当时更多的是"终于结束了"的解脱感。回到东京后，发现位于代田桥的家宅已被烧毁，父亲在东京都武藏野市的井之头公园附近租房住，于是我也去和父亲同住。当时，父亲经营的大和运输公司的大部分货运车辆都集结在井之头公园。

从太平洋战争打响后，作为大和运输公司主力业务的"百货店配送"就被政府叫停，并不得不将业务核心转为对军需品和大宗物资的运送。而随着整个国家"战时体制"的强化，之后运输省又要求大和运输公司与日本通运公司合并。在父亲的努力说服之下，该合并案最终没有实行，但在1945年8月7日，军方通知我父亲"大和运输公司将被编入军方机构"。

"创业奋斗了26年的企业，最终还是难逃一劫啊。"就在父亲心情如此黯淡时，战争结束了。换言之，大和运输公司保住了。当时在听到战争结束的消息时，父亲心中想必涌出了"置之死地而后生"的感慨。在美军的轰炸中，公司货运车辆的受损情况其实较轻，而位于银座的公司总部也逃过了火灾的吞噬。

而随着战争结束，东大重新开课，我也复学了，但由于当时各种物资严重匮乏，我也不得不整天奔走于购买粮食，实在没法专注于学业。

在被这种现实生活追得喘不过气时，我脑中又浮现当年网球部的美好岁月。虽然当时根本不是开展诸如网球这类休闲运动的恰当时机，但我实在非常怀念那段时光。于是"重建网球部"的念头逐渐在心中膨胀，直至膨胀到忍不住而付诸行动时，我便前往位于中野的母校——旧制东京高等学校，结果发现校舍已被烧毁。

第六章 球场和恋爱

四处奔走,重建网球部

打听后得知,由于校舍被烧,东高当时借用一高的宿舍开课,等于东高学生在位于驹场(地名)的一高上课。于是我赶到一高,正巧碰见我当年就读东高普通科时的网球部学弟。在分享久别重逢的快乐的同时,我还拜托他联系当年网球部的成员。最终找来了五六名,当我问他们"是否愿意一起重建网球部"时,他们都表示赞成。

当时战争刚结束,整个日本极度萧条,因此在旁人眼中,我们这些人简直是一伙脑子有病的家伙,但我的确是认真的。在战时,网球被视为"敌国美帝"的运动,导致网球爱好者们都怕被"扣帽子"而畏畏缩缩。而既然战争已经结束,那么就能光明正大地打网球了。

而让我担心的,反而是当时在校的东高学生对东高网球部传统的成见,他们中的不少人或许认为"网球只是一种休闲运动而已,犯不着上升到什么'培养毅力和斗志'的精神层面"。

正是为了扭转他们的这种成见,我才更要重建网球部。

战前的东高网球部虽说称不上"网球道道场",但也十分重视部员的人格和精神成长,且旨在通过集体生活和活动,让部员学会守规矩、懂礼仪。作为亲身经历过战前岁月的学长,守护东高这薪火相传的网球部传统,可谓我义不容辞的责任。

"守护传统"这种话,也许听起来有些老土,但我认为,在当时因战败投降而普遍丧失自信的日本国内氛围中,重拾传统十分重要。如今回想起来,自己当时或许掺杂了些许争强好胜的个人感情因素,但我的确在认真思考。包括和赞成重建网球部的志同道合者探讨计划、频繁联络。

可作为最关键的"硬件"——网球场,却是当时面临的大问题。一开始借用一高的网球场,但毕竟是人家的场地,没法用得尽兴。

于是我脑中蹦出一个念头——"自己建不就得了"。当年入伍蒲郡的部队时,在缺乏资材的情况下用"土办法"造出炊事场地和厕所的下级士官的身姿,仿佛又在我眼前浮现。

把自己的想法和在校的东高网球部学弟们说完以后,他们都干劲十足,答应一起建网球场。当时全国萧条,缺少各类活动,因此学生们的确无事可做,想必也挺无聊的。如今担任清水建设公司会长的今村治辅,也是当时参与网球场重建的部员之一。当时的东京在美军轰炸下几乎成了一片废墟,因此空地要多少有多少。正好目黑区大冈山周边有一块原先是网球场的空地,于是我借了这块地。既然有了地,接下来的问题就是如何建造网球场了。

记得我当年就读东高时,每到春天,就会有相关业者来学校运动场,对各个球场进行整备和维护。于是我找到该业者,向其请教建造网球场的相关问题。对方告诉我,一种叫"荒木田土"(译者注:东京荒川河岸的荒木田原出产的茶褐色土,其黏性强、质地好)的壁土最合适。事不宜迟,我立刻借来两轮拖车,把荒木田土买来了。接下来就是建设作业了,在校的学弟部员们用木棒把土弄平整,至于必要的石制滚轮、杆子、球网等工具,则由大家分头去找,一旦打听到哪里有放置不用的所需工具,便上门去讨要。如此努力之下,网球场最终建成。然后我又去找当年和自己同年级的部员,拜托他们当学弟们的教练。至此,东高的网球部活动算是正式重启了。的确没错,只有不尝试,没有做不到。

后来,东高迁址至三鹰市。1947年4月,学校在位于新址的新校舍开课。而新校园内的网球场,亦是部员们自己亲手建成的。由于有了之前的经验,那次的建造要顺手许多。

此外,虽然当时普遍粮食短缺,但我毅然牵头,促成了东高网球部在1946年的长野野尻湖畔合宿旅行。至于旅途所需的粮食，则来自种植在东高原校区废墟中的小麦。大家将小麦磨成粉带在身上，以作旅途果腹之用。在旅途中，我们向早稻田大学借用了位于东京东伏见（地名）的网球场打球，还拜托车站前的一家名为"三晃庵"的荞麦面店的老板，让其把二楼暂借给部员们住宿。通过这样的活动，东高网球部确立了"只有不尝试，没有做不到"的精神，这令我甚为欣喜。

建在三鹰市的东高网球场

而从那些无法成为正式选手的部员身上，我仿佛看到了自己当年在校的影子——他们有的出去买粮食，有的为网球部做饭……总之都在切实发挥自己的作用。我本以为战后的校园氛围容不下"重建旧制高等学校运动部"之类的思想和活动，可结果证明，我是杞人忧天了。可见，人们在面对心灵的空白时，是需要一定的精神来予以填补和充实的。不过话说回来，由于一心扑在重建东高网球部上，导致当时我虽然已复学东大，但对自己的学业却处于"撒手不管"的状态。

为筹生活费而私造糖精

东高网球部的网球场建成后,下一个课题便是"如何筹措网球部运营费用和部员生活费"。前面提到,当时粮食供应紧张,而供学生勤工俭学的岗位也很少。

当时有个和我同届的东高毕业生,他在东京工业大学读应用化学,平时会在大学实验室里私造点儿人工甜味剂——"糖精",卖出去赚点儿零花钱。于是我找到他,向他要了点儿样品,拿给在当"倒爷"的熟人看,结果那熟人说:"(这东西)很可以,卖给我我一定会收。"至此,筹措资金的课题可谓曙光初现。

我把这事告诉坪内嘉雄(后来的钻石社会长)前辈后,他说:"我家有个储物室,可以借给你们用。"于是说干就干,我把大烧杯和烧瓶搬到他府上的储物室,开始着手制造糖精。由于法律追责的时效已过,我才敢在此坦白——这的确是赤裸裸的私造行为。我记得当时用的原料是发烟硫酸和甲苯之类。由那名东京工业大学的东高同届生负责指导,当时在校的东高网球部成员则充当操作工。

而我则负责原料采购和成品销售的工作。在那个物资贫乏的时代，人们对甜味和甜食趋之若鹜，因此糖精销路极好。短短半年左右，我们就买下了一间小工厂，之后甚至成立了公司。由于之前毁于美军空袭的东高旧址一带叫"翠之丘"，因此我们借用该地名之意，将公司命名为"绿化成"。随着业绩日益提升，我的"野心"也越来越大，不断增加产能规模。

有一次，为了搞到发烟硫酸，我找到日本矿业公司（如今的新日矿控股公司）的干部商量，结果对方答应给我发烟硫酸的物资配给票，而且还是一整辆槽罐车的量。于是我赶紧去买了50个铁桶，接着到处去借能把硫酸从槽罐转移到铁桶的泵，最后答应帮忙的是隶属于三菱石油（如今的新日本石油公司）的川崎制油所，对方开出的条件是"只要槽罐里三分之一的硫酸归他们，就免费借我泵"。硫酸能够用于清洗储油罐，因此是制油所的必需品，而我立马答应，于是交易成立。

用泵把硫酸转移到铁桶后，把铁桶悉数装上卡车，然后驱车前往我们绿化成公司的工厂。当卡车顺利通过位于第一京浜的多摩川盘查路卡时，我绷紧的神经瞬间松弛，简直有一种脱力感。私造糖精这行为的确令人提心吊胆——当时每次经过路边治安岗亭，我都会战战兢兢，还时常担心公司的工厂是否会发生爆炸事故。但另一方面，我也学会了如何购买和登记不动产等，也算颇有收获。

话虽如此，我也不可能一直忙于支援东高网球部的运营和私造、销售糖精。过了一段时间后，我便将绿化成公司作为给东高学弟们的临别礼物，自己则"金盆洗手"。1948年9月，我进入了父亲的大和运输公司工作。

一开始，我被分配到刚设立不久的越前堀（如今的东京都中央区新川）作业所。当时作为"重振经营"的关键业务之一，大和运输公司以驻日美军及相关人员为对象，当他们服役完毕回国时，为他们提供家具什物的保管、打包和运送服务。而这块业务，便是我入职大和运输公司的首个负责项目。

该业务不仅给予了大和运输公司和国际快递公司之间的合作契机，还带来了一个重要的副产物。当时，由于该业务的规模不断扩大，大和运输公司于1957年和美国的Allied Van Lines公司（译者注：美国的搬家运输公司，2002年后更名为"SIRVA"）建立了业务合作关系。该公司当时使用"亲子猫"作为公司LOGO，该LOGO采用写实风格，画的是一只老猫用嘴巴温柔地叼着一只小猫。其承载了该公司"慎重对待顾客的托运物件"的经营理念。

父亲对该LOGO颇有共鸣，于是在取得Allied Van Lines公司的许可后，命令当时公司内部刊物的责编清水武先生照此设计公司的新LOGO，于是便诞生了后来家喻户晓的"黑猫"LOGO。我并未亲身参与该新 LOGO 的制定工作，但父亲"从美国引进"的这个"亲子猫"LOGO，无疑成为我后来力推"宅急便"服务的强大精神支柱。

除了上述针对驻日美军的业务外，大和运输公司在战后亦恢复了百货店配送业务，并与铁路公司合作，开展起了铁路货运业务。总之，战后重振经营的活动开展得较为顺利。可对我个人而言，就在入职后不久，我的人生便迎来了一大转折点。要把这事儿说清，则必须把时间轴拉回到我入职大和运输公司之前。前面提到，当时我还在私造糖精，而就在该过程中，我遇到了毕生难忘的邂逅。

左边为 Allied Van Lines 公司的 LOGO，右边为如今 YAMATO 运输公司的 LOGO。

恋爱

在我还是绿化成公司的工厂负责人时，通过熟人介绍，我招聘了一名女事务员做帮手。她毕业于青山学院，可谓才女。为了帮家中维持生计，她才出来工作的。

她既有教养，又是美女，所以我俩没多久就好上了。当时绿化成公司的专属员工就我和她二人，因此下班后，我们经常去看电影，或者去茶馆喝茶，那段日子宛如梦境。最终，我们发展到了几乎要互定终身的关系。

而在入职大和运输公司后，我便愈发开始认真考虑和她的婚事。可每次和父亲谈这个，他都一笑了之。他认为，家中长子的媳妇，必须入得了他的法眼。他还对我约法三章——"不准自说自话把女人带回家"。

即便如此，我和她都没有放弃。我当时心情低落，正值寒冬，而我几乎每晚都和她坐在公园的长凳上，商量如何私奔。结果我得了感冒，还发起了高烧。我记得很清楚，那是1948年的圣诞节前后。

去医院检查后，我被告知得了重症肺结核，于是我立马被送到神田小川町的额田内科医院。那里的院长额田晋先生是东邦大学的创始人,还是为森鸥外(译者注:1862—1922,日本知名小说家、评论家、翻译家及医学家)看过病的名医。可在当时,肺结核被视为不治之症,医学界亦未确立切实有效的治疗方法。而在额田医院,我接受的主要是"静养疗法"。

第七章 与病魔斗争的日子

形如监禁的抗病生活

额田内科医院的静养疗法非常彻底和极端——报纸不准看,广播不准听,躺在床上睡觉不准翻身,甚至连出声说话都不准。医院给我一把团扇,上面有日语的五十音图,有要求或者想表达什么时,我就只能用手指着扇子上的五十音图来交流。可谓陷入了一种极为孤独的状态。好在医院同时还采取营养疗法,所以我这个病号的伙食非常好,在入院初期,这是我每天唯一的期待和乐趣。

父亲雇了一名保姆,负责在医院全程照顾我。父亲有时也会来探病,可他每次来都会训我——"都怪你和乱七八糟的女人晚上在外面鬼混,所以才会得病。你这个不孝子,给你看病可花了我不少钱,要知恩感恩!"这一通骂完后,他才会回去。虽然我当时非常不甘心,但"生杀予夺"的权力掌握在父亲手上,我也只能隐忍。

每到晚上,我就能听到从医院外传来的学生们的谈笑声,想到我的朋友们此时此刻大概也在把酒言欢,自己明明一直为人诚实,却在遭这般胜似监禁的罪,假如真有神明,那神明也太不公了。

绝望之中，看到希望的曙光

当时我虽然很想见女朋友，但除了父亲，任何人都被禁止探望。可有一天，我病房的门被人轻轻推开，从门缝里探出头的就是我女朋友。她明知会被谢绝探病，却毫不放弃，一次又一次地来医院恳求。院长对此实在于心不忍，于是背着我父亲，允许她来见我，但只准待5分钟。

之后有一天，曾是东高网球部成员的山县武人学长来探望我，他本人就是医生，而且还是日本肺结核预防协会的干部。他对我说："我去和东大医院打招呼，你马上转院到那里。"于是我在东大医院接受了胸廓成形手术。出院后，为了恢复体力，我又度过了将近两年半的复健生活。等回到大和运输公司时，已是1953年（昭和二十八年）。从头到尾，我等于因病停职了将近5年。

第八章 初出茅庐的职员岁月

得知基层内幕

1954年7月，当时复职还不到一年，我就被外调到静冈运输公司。该公司由于经营不善而破产，在银行的委托之下，大和运输公司将其收为子公司。而29岁的我，就在静冈运输公司里任总务部长一职，不过只有两名下属。一名是一副酒红脸和红鼻子的庶务科长，另一名是女事务员。而下班后，我则借住在静冈市的一所公寓里。换言之，这个部长之位，似乎就是为我量身定制的。

这家公司属于典型的"城乡企业"，每个月只有两天休假，就业规则和工资标准也不齐备，我当时只能一边学习相关知识，一边制定各种规章制度。公司业绩持续赤字，经营模式也很陈旧，简直是近现代的产物，但我在那里得知了业内基层岗位的内幕。

至于这内幕，则要从某一天说起。那天，大和运输公司派来的浅见新藏常务叫住了我，让我吃完晚饭到静冈运输公司碰面。等我到了公司，他说"跟我来"。我俩从静冈坐上电车，在蒲原车站下车。然后走过一段昏暗的街道，便到了静冈运输公司的委托代理店门口。

没过多久,静冈运输公司的卡车开来,停在了代理店门口。这时浅见常务对我说"咱们躲起来"。于是我俩躲到了一根电线杆的后面。只见两名员工从卡车上下来,他俩从代理店中搬出一个个纸箱,装到卡车上。"你数好一共有几个。"常务对我说道,结果一共50个。然后他又说:"好了,咱们撤。"我当时莫名其妙,回到公寓后就睡了。

作者当时工作的静冈运输公司

那辆卡车的既定路线是从静冈到东京，然后再返回。第三天的早上，卡车回来了，浅见常务命令车上的两名员工出示去时的装货明细单，在看了明细单后，常务对他俩说："你们果然顺了一部分运费，在蒲原装车的鱼干片的运费去哪儿了？"二人面面相觑，只得尴尬地从口袋里掏出这部分现金上缴。

所谓"顺"，即对运费的私吞行为。二人在抵达目的地——静冈运输公司的东京分部之前，先偷偷把鱼干片送到了筑地鱼市之类的地方。换言之，代理店和卡车司机勾结，瞒着总公司私送货物，私下分钱。每天这样私吞，总数额可谓巨大。静冈运输公司持续赤字的症结，总算是找到了。

数日后，上述被抓现行的二人找到我和浅见常务，说是有话要说，于是四人在公司面谈。结果他俩把短刀往桌子上一放，对我俩威胁道："靠我们拿的这丁点儿工资，你们以为能养家糊口吗？我们私吞的也不多，奉劝你们还是睁一只眼闭一只眼吧！"我当时直接被吓蒙，而浅见常务对我说"你先回去"。这句话简直是我的救命稻草，于是我赶紧出去，蹬上自行车，一溜烟儿逃回了公寓。

次日早晨，我问浅见常务"后来发生了什么"，他告诉我，在我出去后，他对他俩说："行啊，有意思，那咱们一起去警局谈谈？"结果二人收起了短刀，灰溜溜地离开了。我佩服浅见常务的沉着和胆魄。

这件事情让我切身了解到了快递业基层不为人知的现实状况。之后，为了防止基层员工私吞运费，公司在所有卡车上安装了行车记录仪，用于记录卡车的行车日期、时间和公里数。

"安全第一，业务第二"

身为总务部长，安全对策亦是我的重要职责之一。当时，静冈运输公司的卡车经常发生交通事故，因此被劳动基准监督署视为"安全不良企业"。而我作为安全对策的负责人，时而被监督署请去谈话。有一次，我又被请去了。到了监督署后，对方告诉我，有一家木工企业，属于"安全优良企业"的典型，并叫我去那里学习取经。

于是我造访了那家木工企业，发现作业车间上贴着"安全第一，效率第二"的标语。听其经营负责人介绍，他们厂里原本也是工伤事故频发。考虑到人命第一，于是不得不想办法减少事故。作为代价，势必就不能一味强调作业效率。在这样的考量下，最终决定把效率放在第二位，这令我醍醐灌顶。几乎所有公司都会强调"安全第一"，但却不会说"效率第二"。但通过明确"效率第二"，才能真正体现力保"安全第一"的决心和态度。

结合静冈运输公司的实情，当时规定前往东京送货的卡车要在第三天早上回到静冈公司，虽然理论上司机在这第三天能休息，但碰到业务繁忙时，就不得不连轴转。这样的疲劳驾驶，便是事故的主要原因。而我为了禁止这种连轴转的疲劳驾驶，特意做了"安全第一，业务第二"的标语海报，张贴在公司显眼处。结果事故减少，而公司业绩并没有滑落。

不少企业强调"样样要第一"，我觉得此举欠妥。所谓"第一"，顾名思义是排序中的第一位，是唯一的。而我深切感受到，作为企业经营者，必须向员工明示"何为第一，何为次之"的先后顺序。

结婚

除了安全对策，处理已经发生的事故，也是我的重要工作内容。在我就任总务部长没多久，静冈运输公司的员工就在藤枝市遭遇了交通事故——静冈运输公司的卡车和丰桥运输公司的卡车正面相撞，对方司机当场死亡。

事发后，我立即赶到事故现场。警方完成现场勘察和取证后，便把死者遗体搬到附近的一间空屋，由我一个人守着，等待死者家属前来。那是我头一次和尸体共处一室，当时我在心中不断告诉自己"这也是快递运输行业的工作内容之一"，其实也是为了给自己壮胆。可随着时间的推移，眼前的尸体居然有颤动。我知道这应该是所谓的"尸体死后硬直"现象，可还是挺瘆人的。

几天后，为了私了此事，我前去拜访死者父母。其父母住在冈崎的农村里，当我赶到时，死者父亲还在外面没回来，而在等候的过程中，死者母亲亲手制作了抹茶招待我。当时我对茶道礼仪等一窍不通，因此喝茶时这不懂那不懂，感觉挺丢脸的。以此为契机，后来在静冈运输公司的专务的夫人介绍下，我拜入了表千家（译者注：日本千家流茶道门派之一）的一位茶道家门下。

学了一段时间后，那位茶道家对我说："我现在的学生中，有个小姑娘挺不错的，要不给你介绍介绍？"想想自己也不可能一直这样单身下去，于是我便答应了。我和她在静冈市内的一家餐厅相亲见面。她名叫望月玲子，出生于蒲原的名门世家，毕业于圣心女子大学，当时在中学母校——静冈双叶学园当英语老师。她非常纯真，我决定与她交往。

而在交往的过程中，我逐渐喜欢上了她，最终决定与她结为夫妻。为了征得父亲的同意，我把她带回东京家中。结果这回父亲十分赞成，予以首肯。

于是我心中的石头落地，和玲子坐火车回静冈。可在火车上，她却哭了起来。她对我说："你之前和一名女子交往过吧。"看来是父亲把我的旧恋情告诉她了。

玲子说"想知道那名女子的名字"，可我执意不告诉她。因为我知道，一旦告诉了她那人的名字，势必会在她心中激起涟漪。

对于我的坚持，玲子似乎未能完全释怀，但应该还是给予了理解。1956年10月，我和玲子结婚了。当时我31岁，玲子24岁。

岁月流逝，后来在我东大的恩师——今野源八郎教授

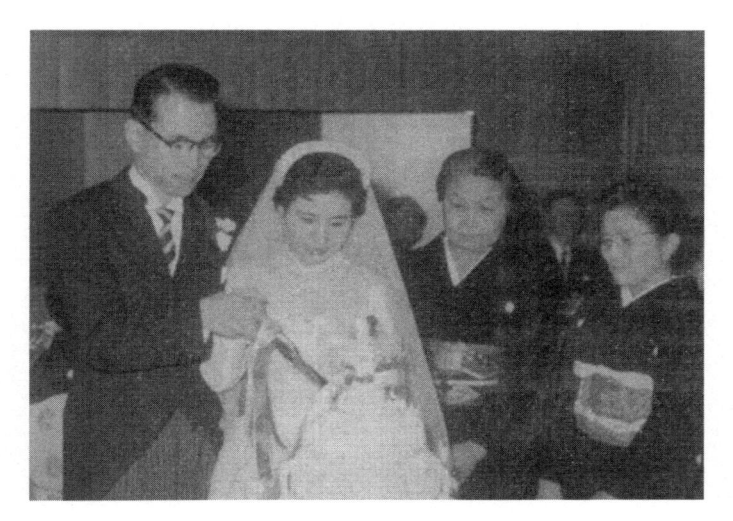

婚礼现场，作者与玲子夫人

退休时，研讨会的热心成员为他举办了谢师宴，我当然也参加了。席间，一名老同学走了过来，他当时已是一家公司的干部。他先是对我说"反正你早晚也会知道"，接着把他的夫人引见给我。

面对他的夫人，我当时震惊得忘记了呼吸——在我眼前的，居然是我那曾经的恋人。她彬彬有礼地对我说了一句——"好久不见"，可我却失态到一语不能发，就连那天我是怎么回到家的，事后都记不得了。过了一段时间，回想起宴会时她的神情和样子，我觉得她应该很幸福，于是也就安心了。

我和她的丈夫不仅是大学同学，后来同为银座扶轮社[银座 Rotary Club（译者注：一个地区性社会团体，旨在增进职业交流以及提供社会服务，其隶属于国际扶轮社）]会员，因此碰面机会不少，且经常以夫妇二人为单位，参加联欢会和旅游等扶轮社活动，所以双方的夫人彼此也逐渐熟识。人们常说"现实比小说还奇妙"，我对此完全同意。就这样，玲子和她的关系日益亲密，甚至发展到主动去她家拜访的程度。

　　可我始终没有告诉玲子"她就是我的旧日恋人"。如今玲子已离开人世，我才能在此坦白这一切。我的确瞒了玲子一辈子，但对我而言，这是我对玲子的信义之举。

第九章 为成为经营者打好思想基础

对继承人的历练

结婚后,我立马从静冈运输公司调回了大和运输公司。回到东京后,我被任命为百货店配送部部长。从那以后,我从父亲那里学习企业经营思想的机会就多了起来。而其中特别难忘的,则要数当时的工会问题。

1950年代是日本各企业"春斗"(译者注:日本工人在春季开展的针对用人单位的斗争运动,其核心诉求是涨工资和奖金,该斗争运动一度成为每年春季的惯例)闹得最凶的时期,我们大和运输公司亦不例外,工会态度非常激进。虽说大和运输公司在战后已经没有再发生过大罢工,但当时在整个社会风气的推动下,工会与公司的矛盾亦开始呈现尖锐化的趋势。

不过在我们大和运输公司,公司和工会之间一直有个不成文的协定——即便闹罢工,百货店配送部门依旧照常开工,不在罢工范围之列。因为从大和运输公司创立之初,以三越百货为代表的许多百货商店就是公司的重要客户,可谓公司的关键收入来源。

可有一年，工会居然宣布"一旦举行罢工，百货店配送部门亦不例外，甚至包括三越百货的配送业务"。这使我非常狼狈。对此，父亲说，自己马上去见三越百货的社长，并叫我一同前往。

到了三越百货的来客接待室后，父亲对当时的岩濑英一郎社长说道："（我们公司）工会扬言要闹罢工，可能会给您的配送服务造成影响。但我如果屈服于工会，答应给他们加薪，就会导致您这里的配送费用上涨，我觉得这样不妥，所以前来说明情况，望您知悉。"

对此，岩濑社长回应道："我知道了，请加油吧。"这让当时我这个畏畏缩缩的在场者长舒了一口气，而与此同时，我似乎也懂得了"何为经营者的信念"。

此外，父亲还常说"企业经营，不可一味求进，审时而退亦很重要，这等于是一种反向摇橹、驾船逆行的战术"。对我这个继承人而言，此话也让我十分受用。

"一家独占垄断"并非好事

在我担任百货店配送部部长期间,经手的最大项目要数东京崇光百货的外包配送业务。1957年5月,崇光百货商店在东京有乐町开业。这种大商场,自然有配送需求。而为了以"独占方式"获得这个大客户,我当时可谓铆足了劲。

战前,作为大和运输公司最大的客户,三越百货在东京都内及周边县(译者注:日本的"县"相当于中国的"省")的商品配送,皆由大和运输公司全权包揽。可到了战后,这样的"一家独占"格局被打破——承接三越百货配送业务的除了我们大和运输公司,还有日本搬运公司,等于成了"两家竞争体制"。1954年,大丸百货在东京车站附近开店时,最终也是选择了我们公司和另一家公司为其服务。

作为百货店配送业务的业内强者,对于上述崇光百货东京店,我当时一心想"独占拿下"。战前,崇光百货大阪店曾是我们的客户。记得我还是东高普通科一年级学生时，那年春假，我生平头一次去关西旅游。因为父亲要去现地考察崇光百货大阪店的配送服务情况，所以他顺便带我去了。再说回崇光百货东京店的外包配送业务，当时竞标的还有日本通运公司，而我下定决心，绝对不能输给对方。

在这样的干劲和原委之下，父亲也对我给予了全面支持。我反复前往崇光百货位于大阪的总部，与其高层持续开展交涉，最终"踢走了"日本通运公司，争取到了崇光百货东京店的配送业务。但我心心念念的"业务独占"并未实现，日本搬运公司亦是业务承接方，等于又是"两家竞争体制"。

在东京有乐町开业的崇光百货东京店。摄于1957年

我因此垂头丧气，把该情况向父亲汇报后，他竟然说"这样对大和运输公司更好"。我问他为什么，结果他答道："倘若一家独占垄断，就没有了竞争，工会就会变得强势。而如果是两家竞争体制，那么一旦其中一家搞罢工或降低服务水准，恐怕就会被客户抛弃，因此这也牵制了工会，使其不敢轻举妄动。"他的这番话令我茅塞顿开，身为企业经营者，比起眼前的利益得失，更应该以长远的眼光看问题和制定经营战略。

而事实也的确如此，纵观当时东京的一众快递运输公司，凡是那些靠独占客户和主顾的，皆苦于工会的加薪要求，其用人成本越来越高，经营状况持续恶化。

此外，在崇光百货东京店正式开业前的筹备阶段，我还提供了诸多协助，包括帮忙招聘店员、在百货店地下楼层的收发货作业区现场指导作业流程，等等。从而赢取了崇光百货方面的信赖。

就任营业部长，惊觉基层之乱

1959 年，我就任营业部长一职，负责公路卡车部门。而在担任该职务后，我开始直面公司的关键课题。

纵观 1960 年度的业绩数据，我发现百货店配送业务的收入约占公司总业务收入的两成，与日本国有铁路公司合作的货运业务收入占总业务收入的两成多，可谓在"多元化业务拓展"方面取得了一定的成功。当时公司的总营业额约为 33 亿日元，而日常利润（营业利润+营业外利润）率则为 3.1%，因此业绩还算过得去。但问题在于，原本应为公司核心业务的公路卡车部门的业绩持续恶化，甚至已出现成本倒挂的现象。

在就任该部门的营业部长后，我发现其基层管理非常混乱和松懈。当时，从公司下班后，我经常会顺便去营业所看看，结果经常发现卡车装货环节的问题——不少货物装不上。这趟没装上的货，就要拖到下一趟，于是送达日至少要被耽误一天。我见状后，默不作声地瞪着作业的司机。司机察觉后，便再次解开已经系好的雨布，挤出尚存

大和运输公司从20世纪50年代至20世纪60年代的主力公路卡车车型

的空隙，把没装上的货物塞进去。

此外，当时公路卡车部门的营业所长一到傍晚就下班回家，把剩下的活儿全权交给司机，连个监督的人都没有，而我也不可能每天下班后都去营业所盯着。于是我制定了"每次出车的标准运输量"，如果实际载货量超过该标准，则为公司黑字；如果实际载货量低于该标准，则为公司赤字。我命令司机和其他员工们皆以该简单明了的规则为准绳，并及时向我汇报实际情况。

而在基层管理方面，也有正面典型。比如静冈运输公司那边就很负责到位。其营业所长一直会监督卡车装货的过程，一旦车厢有空隙，其就会指示"给监狱打电话"。因为监狱服刑的犯人要接受劳改，会制作木制工艺品等物件，而当地的监狱和静冈运输公司有协议——承运方以较低的价格运送这些木制工艺品，条件是托运方不指定时间，承运方选自己方便的时候就行。这种业务虽然算不上"高大上"，但也体现了该营业所长的效率意识。

从公司创立到那时，已是"此一时彼一时"。总体来说，大和运输公司的管理人员日渐趋于"刻板化、事务化、白领化"——如果没有上级的书面指示，他们便无法自主作出判断。虽说"让公路卡车部门扭亏为盈"是我当时的使命，但我感到前途遥不可期。

第十章 公司业绩逐步恶化

进军"长途大批量"货运领域

除了基层的混乱和松懈，原为大和运输公司立足之本的公路卡车部门的最大问题，则在于对"长途大批量"货运业务的后知后觉。身为公司社长的父亲一直执着于"短途小批量"货物业务，从而使大和运输公司未能及时涉及"长途大批量"货运业务，比竞争对手们落后了许多。

战前，父亲便打出了名为"大和便"的短途小批量混载货运服务品牌，并将相关配送网络成功覆盖了关东一带。此举的确奠定了公司发展的基础，但也造成了父亲的思维定式，该成功经验使他固执地认为"卡车能覆盖的物流范围也就100千米以内，一旦超出，便属于铁路货运的范畴"。若以日本战前时期的道路状况和卡车性能为基准，他的判断或许并没错。

可日本战后的情况已截然不同——铺装完备的公路日益增加，卡车的运输能力也突飞猛进。曾经充满进取精神的父亲，当时却误判了时代的潮流。在企业经营学中，有个定理是"越是有过成功体验的人，越是容易被其所累而招致失败"。通过父亲这个"反面典型",我不得不警示自己认识到这点。

父亲的误判所造成的最大损失,则要数过晚参与"东海道公路运送线"。当时,日本开始进入经济高度成长期,家电产品在大众中日益普及。当时,诸如松下电器、夏普、三洋电机等主流家电生产商都是位于关西的企业,而家电产品的最大消费群体则位于东京及其近郊。换言之,家电产品的主流运送线路是东海道公路的由西向东方向。不少关西的卡车运输公司抓住该机遇,实现了成长和发展。反观我们大和运输公司,根本还未取得东海道公路运送线的货运资质,等于被拦在了这块市场的大门外。

"箱根山中鬼,翻越不可为"[译者注:箱根是把日本一分东西的交界处,日本古时会在各处设置"关所"(关卡),而箱根的关所"箱根关"便是日本"关东""关西"这种地理划分称呼的由来],对于一直把这句迷信俗语挂在嘴边的父亲,我花了好大力气才说服。于是在1957年1月,我们大和运输公司向有关部门提交了小田原至大阪之间的公路运送线的货运资质申请,可已经取得资质的同业者们结成了反对联盟,与运输省(译者注:相当于"交通部")交涉,导致我们的货运资质迟迟批不下来。

就这样前后拖了将近3年时间,到了1959年11月,

庆祝大和运输公司大阪货运线路开业的现场,父亲小仓康臣正在剪彩。

资质总算批了下来。次年(1960年)3月,从大阪分部至东京的长途货运服务终于启动。可纵观诸如西浓运输公司等同业者,其东京至大阪之间的长途货运服务早在1954年便已启动。换言之,与那些"先发者"相比,我们大和运输公司已经迟了5年多。即便去找客户、跑业务,主要的托运客户也早已被同业者们"瓜分殆尽"了。

营业额增加,收益率却恶化

1961年,成为公司董事的我,一心想为公司的上述长途货运服务争取客户。当时,我把目标对象锁定为"从工厂大量出货的商业货物"。基于此,我向营业部下达了命令——但凡得知哪里建起了新工厂,就要派人去推销我们的货运服务。对此,当时公司内部还有个暗语,叫"瞄准烟囱"。

虽然属于"后发者",但当时松下电器的各个事业部还是让我们公司承接了部分货运任务,这着实来之不易,令人感激。每月只要一过20号,松下电器就会有大批产品出货,这成了我们大阪货运线路的主要业务来源。可奇怪的是,营业额是增加了,收益率却在恶化。

至于原因,我起初未能察觉,后来才明白其症结在于"行业规定的运费计算方式"(译者注:当时在日本基于道路运输规定,快递货运公司必须在相关部门认可的范围内收取费用)。行业规定,货物越重,其单位价格就越低(译者注:即"货物越多,运费越优惠")。而纵观松下的货物，其个数较多，且批量较大，因此平摊到每件货物的运费就会少许多。对承运方而言，这就不划算了。此外，作为服务配套，卡车尺寸要加大，物流集散中心也要扩大，这样的硬件投资需要大量资金。而对我们大和运输公司这种运作资金偏少的企业而言，贷款利息可谓沉重负担，也直接挤压了收益空间。

是我主张将公司业务向"长途大批量"转型的，以为这样能提升业绩，可现实却完全相反。身为公司营业部负责人，这着实令我苦闷。当时，我们公司开户行派来的财务主管甚至命令其部下出席我们公司的营业会议，从而"侦察"我对部门的经管情况。这实在不是什么愉快的体验。

结果，公司 1965 年度的营业额增至 68 亿日元左右，可日常利润（营业利润+营业外利润）率却跌至 1.8%。鉴于此，我开始砍掉在我看来"费工夫、高成本"的小批量货运业务，从而彻底专注于大批量货运业务。不幸的是，该判断是错误的。

调研美国，深感惊讶

在即将成为大和运输公司的董事之前，借着一个机会，我前往美国调研。当时，卡车运输行业大会在美国召开，日本卡车协会（如今的全日本卡车协会）也受到了邀请。而我则作为日本卡车协会的一员，参加了该会议。由于机会难得，日方与会者们在大会结束后，决定顺便参观调研全美国的大牌货运公司。

在卡车运输公司调研学习时，我们参观了货车拖挂系统和物流集散中心的装货设施等，其中有不少具备参考价值。而对我而言最具意义的，则要数对 UPS（United Parcel Service，联合包裹）公司的访问。我父亲以前也造访过该公司，并深受感动和启发。而我当时亦是如此——UPS 在洛杉矶的物流设施规模之庞大，货物处理设施之独特……一切的一切，都令我惊讶。

当时，我与日方调研团分开，单独前往 UPS 的洛杉矶分部拜访。我出示名片，并告知"自己的父亲之前也来过"，结果对方工作人员说"稍等一下"。片刻之后，没想到对方竟然从文件夹中抽出了父亲以前写的感谢信拿给我看，这令我惊叹于美国企业文件管理体系之优秀。然后对方便带我参观了他们的硬件设施。

UPS 的货物处理设施是以传送带为核心的流水线。而当时令我惊讶的，则是其中间流程中的"自走式平台"和"移动分拣架"等。

所谓"自走式平台"，是位于分拣员面前的一个平台装置，一旦把货物置于该平台，货物就会如走路一般，自动接近分拣员。有意思的是，该平台并不采用传送带方式，而是在货物所经"通道"处设置数个突出的圆盘，通过这些圆盘的转动，使货物断断续续地移动。据对方介绍，假如采用传送带方式，货物就会过快地涌向分拣员，使其难以应付，所以才采用这种"自走式平台"给分拣员争取时间。

至于"移动分拣架"，则是宽度、深度和高度皆为 2 米左右的架子。其根据配送地区，被分为 16 格。这种架子还装有轮子，以"十多个架子相互联结"的方式，在作业区内巡回移动。架子抵达特定地点时，其底部的"内部门板"会打开，里面的货物从中滑落出来。对方告诉我，这些设备都是员工们自己思考、自己发明的智慧结晶，这令我非常佩服。

在美国，UPS 出名的主营业务是与邮政局竞争对抗的

"小型货物包裹运送服务"。而通过上述参观学习,我大受触动,暗暗许下心愿,希望自己有一天也能在日本开展该类业务。但UPS的该项业务中,唯有一个规则,让我一度无法理解,迟迟想不出答案。这个规则是"托运方每天托运的货物数量不得超过5件"。

对此,当时我问道:"如果(单日)超过5件呢?"结果对方答道:"那就次日再配送。"这令我感到不可思议。在美国,对快递货运行业的费用制定有着严格规定,且从业者大都严格遵守。就拿卡车运输公司来说,每一家的营业负责人和运费计算负责人都是各司其职、彼此独立的。如今再思考这个问题,我推测"5件是收费变化的一个分水岭"。换言之,5件之内是一个价格,超过5件就是另一个较优惠的价格。因此对承运方而言,数量控制在5件之内较为划算。

这趟美国调研之旅持续了1个多月,我收获颇多。尤其是UPS带给我的启示——当时主营"长途大批量"业务的货运公司占大多数,可UPS却另辟蹊径,专注于"小型货物包裹运送服务"。这点实在令我印象深刻,且让我心生"将来要和UPS合作"的念头。那之后,凡是有机会访美,我都会前往UPS的各地分部学习调研。

物流革命的苗头

虽说上述美国之行很有意义,但摆在我面前的紧迫课题是"如何改善公司收益"。与同业者相比,为何我们大和运输公司的利润率如此之低?我对此很不甘心,于是拼命思考原因,并为了提升作业效率,出台了各种对策。

比如,一些同业者会超载,把货物堆得超过卡车车身宽度和高度,这在小型货运公司中可谓理所当然的潜规则,但我们大和运输公司是业内老牌大企业,自然不能超载。鉴于此,我努力思索"如何合法地增加一辆车的载货量"。

最终,我想到了"导入拖挂系统"。普通卡车的载货量至多不过 10 吨,但如果用拖挂,则最多能载重 15 吨。且其更大的优势在于,负责牵引的卡车头和负责载货的拖挂能够相互分离。只要在起点和终点提前把货物装上拖挂,卡车只要换个拖挂就行,几乎能实现"无缝无停"的运送作业,使运输效率有了飞跃提升。我于 1965 年导入了该系统,到了 1975 年,大和运输公司的卡车和拖挂的合计数量已增至206件。

而从1967年起,我开始积极采用"货物中转制度"。之前在我们公司,凡是跑东京至大阪这条货运线路的卡车司机,其都在下午出勤,把货装好后,于晚上9时从东京出发,次日早晨7时到达大阪。在那里进行休整后,晚上再从大阪出发,于第三天早晨回到东京。该模式的问题在于,同一司机,真的非得往返于这条东海道公路吗?

提升了运输效率的拖挂系统

经过一番思考,我决定以中途的滨松为"中转站",让分别从东京和大阪出发的司机在那里彼此交换拖挂,然后各自折返。这样一来,从东京出发的司机就不用一路开往大阪,其原本到达大阪的所需时间,已经足够返回东京了。于是其原本在大阪的休整时间,便可以在自己家中悠闲度过。从结果上来说，等于是为司机减负了。

当时，整个物流业也迎来了变革期。尤其是1967年，美国美森（Matson）轮船有限公司的首艘集装箱货船下水，开始航行于太平洋航线。对我而言，该业内新闻极具冲击性。

在美森公司发明集装箱之前，货物出口必须经历烦琐的装货卸货工序——货物先从工厂装到卡车上，接着在港口卸货后装上货船。有时装满一艘货船要花费数日之久。等到货船驶过太平洋，抵达美国港口后，货物又得从船上卸下，再装到卡车上。整个运输过程有时甚至要耗费1个月之久。

可有了集装箱后就不一样了——它在陆地化身为卡车车厢，在港口化身为保管仓库，在船上又化身为装货船舱。各个环节都无须卸货重装，在节约人工费用等合理化、效率化方面，皆有着不可估量的优势。物流革命至此拉开序幕。

于是我也与时俱进，在大和运输公司引入了包括集装箱在内的各种效率化措施，可公司收支状况却始终未能得到改善。究其原因，主要归结于公司"偏重大批量货运业务"的结构性问题。此外，公司工会的左倾化势头亦是令我头痛的问题。

与工会交涉

从就任营业部长一职起,我就负责处理工会问题。所以我经常出席经营协商会议和劳资团体交涉活动等,在其中扮演谈判斡旋的角色。在这种场合下,其他经营层干部几乎一言不发,常常是我独自"唱主角"。

当时,我们公司工会隶属于全国自动车运输总工会(简称"全自运"),该总工会在一些左翼派系干部的唆使下,有采取过激行动的苗头。在与对方进行团体交涉时,一旦对方提出无理要求,我就会立即予以反驳。凭着这种不屈服的对抗精神,我坚持住了公司的立场和原则。

至于每年的春斗,工会方面则呈现出逐年强硬的趋势。其一度计划针对业内各企业进行"统一交涉",当然也包括我们大和运输公司。这种无视企业规模和收益能力差别的"统一薪酬诉求",自然不是企业经营层所能接受的。而在受到持续拒绝后,工会方面又想出了新的"战术"。

各企业资金实力参差不齐,因此"统一薪酬"难以实现。于是,工会方面又转而强调"各企业同一运送线路的行车时间几乎相同"。基于该理由，工会于1962年提出了"东海道公路运送线路统一行车基准"。其具体内容包括"东京至大阪之间的行车时间基准""司机连续驾驶时间的限制""出车过程中的休整时间应算入实际劳动时间"等。对此，业内17家企业的经营层皆表示反对，于是工会方面向中央劳动委员会提出调停申请。

公司经营层派我作为代表，前往中央劳动委员会游说，旨在拒绝工会方面的"统一行车基准"要求。但中央劳动委员会却命令业内各企业的经营者单独与工会隶属的总工会进行交涉，即所谓的"对角线交涉"，这使得上述调停案通过了。以此为契机，后来劳动省（译者注：相当于"人力资源和社会保障部"）制定了长途货运的行车基准，并下达了指示通知。回顾该事件的整个过程，不得不承认，在交涉这一块，我们完全被工会方面压制了。

基于该经验教训，我深刻认识到，工会方面拥有以总工会为核心的信息交换组织，可纵观业内各企业的经营层，彼此之间却没有任何形式的联络网。也正因为该缺陷，我们在"信息战"领域败给了工会。

于是，我建立起了名为"八重洲会"的联络网。这是用来对付工会的重要组织，所以一切活动都秘密进行，属于"地下组织"的性质。由大和运输公司的秘书科长来发挥八重洲会的事务局职能，所有行动指示皆不留文书，一律采取口头传达的方式进行联络。而到了春斗时期，八重洲会便要求各企业经营层在答复工会之前，一定要先和事务局通气。自从组织了八重洲会，当与工会进行团体交涉时，我曾逐一道破业内其他企业对工会的答复内容，完全镇住了对方。

"慷慨经营"的局限性

春斗的头痛之处不仅是工会，还包括父亲的慷慨大方。交涉是个套路很深的技术活儿，双方敲定了"最终条件"后，工会方面往往还会最后讨价还价一回，让工资再多涨一点。而在父亲担任社长期间，这最后的"再涨一点"往往会变成"再涨一点半"。熟知父亲性格脾气的工会干部在交涉临近成立时，便不再继续团体交涉，转而要求单独交涉。而所谓"单独交涉"，其实就是工会三大首脑和社长之间的闭门面谈。

上述面谈结束，社长办公室的门打开后，父亲就会笑嘻嘻地走出来，对我说："工会想再多要点儿，你就答应他们吧。"我对此拒绝道："不行，不能再多了。"结果父亲还劝我道："给自己员工涨工资，别这么小气嘛。"搞得我都不知道他到底是公司社长还是工会成员了。前面提过，父亲的口头禅是"对工会要无情打击"，还有一句是"对员工要抱有爱意"。

父亲这人不但慷慨大方，而且大胆豪迈，有一件事最能体现这一点。1961年，我们大和运输公司成功承接了可口可乐东京灌装厂的送货业务。从那时起，两家公司干部经常一起打高尔夫，作为联络感情的手段。有一年，在小金井（地名）的高尔夫球场，双方干部打完了前半轮（译者注：高尔夫一轮18洞，前9洞被称为前半轮），大家正走进餐厅准备用餐，可口可乐东京公司的高梨常务突然叫住了我，叫我把记分卡给他瞧瞧。看了我的记分卡后，他说："恭喜恭喜。从明天起，你就是大和运输公司的社长了。"

丈二和尚摸不着头脑的我问他何出此言，结果他告诉我，刚才打球时他对我父亲说："差不多该把社长之位传给令郎了吧。"父亲对此回应道："如果儿子今天打球赢过我，我就让位。"父亲就是有这种豪迈的气魄，谈笑风生间便立下了如此重大的约定。得知此事的我，当天下午接着打球时故意频频失分，从而逃过了第二天当社长的结局。此事也无意间暴露了我两父子之间的气魄差距。

可纵观当时大和运输公司的业绩，可知父亲的"慷慨经营"已使公司难以为继。对长途货运业务的过晚参与，加上公司工会运动的激烈化，使得客户们开始对我们公司敬而远之。这正可谓"内忧外患"。我们公司在战前自我标榜为"日本首屈一指的卡车货运公司"，可在那时却逐渐沦为业内二流企业。

1969年，正值大和运输公司创立的第50个年头。同

1969年11月29日是大和运输公司创立50周年的日子。而在那一年的10月12日，公司在新宿厚生年金会馆提前举办了纪念典礼。照片中在台上致辞的为作者。

年7月，父亲因脑梗而病倒。30岁生日时创立公司的父亲曾豪言道"将来要同时举办自己的80大寿和公司的50周年庆典"，可当时得了脑梗的他已半身不遂，未能得偿所愿。在同年10月举办的纪念典礼上，由时任专务的我代读父亲的致辞。

从那之后，父亲一直在山梨和热海的医院过着疗养生活，可依然担任着社长一职。每逢周六，我都得前往他所在的医院，把一些文件交给他审批。父亲在这件事上又当了一回我的反面教材——老领导迟迟不肯放手退位，就会成为"老害"。可他毕竟是我父亲，出于亲情和怜悯，我实在不忍劝他辞去社长之位。

第十一章 就任社长

大和运输，危在旦夕

1971年3月，由于父亲已经离不开轮椅，实在不再适合当社长，因此由我继任了社长之位，当时我46岁。公司的经营状况极不乐观，可我已无暇抱怨自己这个社长"生不逢时"，唯有埋头努力，专注于重振公司。

而1973年的第一次石油危机，更是让长期低迷的公司经营状况雪上加霜。由于公司主营大批量货运业务，因此受到石油危机的影响更大更直接——货流急剧下降，与前一年相比，我们公司1974年度的卡车货运业务运输量大约减少了25%。作为企业自救的紧急措施，我不得不拿人员费用开刀。

我找工会商量道："大和运输这艘船已经开始沉了，可谓危在旦夕。我现在不是叫你们这些船员下船，而只是想把一些船上的重物扔掉，让船减重。至于你们因此吃的亏，我以后会给予补偿。"换言之，我会保住工会成员们的工作，但降低待遇等措施是不可避免的。当时并不限于员工们，公司干部们也都减薪。不仅如此，我还卖掉了公司的高尔夫会员权益，并废止了公司干部用车。就连我自己，每天也改乘电车上下班了。

当时我还对员工们提出了一个要求，其名为"外地员工上京协助"。纵观同业者，大多把公司总部设在首都之外，可我们大和运输公司的总部则位于东京。由于东京的平均工资水平高于外地，这导致我们总部每月的薪酬支出要比同业者平均多出5000日元/人。作为占据公司运营成本六成的人员费用，这样的差异的确很大，但事到如今，嗟叹也无济于事，于是我想出了上述"外地员工上京协助"的对策。具体来说，即把货物处理量较少的外地分部的员工暂时调动至东京和大阪等大城市，从而实现劳动力的均衡化（译者注：这种暂时调动岗位的方式，能让员工在保持外地工资标准的同时，实际从事东京和大阪等一线大城市的工作，等于降低了用人成本）。在与工会交涉后，我们双方同意将这种暂时调动的期限定为3个月，即员工们每3个月轮班1次。

此外，我还停止了招聘新人，并劝辞了一些临时工。至于劝辞的对象，我主要选择的是年轻独身者和已成婚的家庭主妇，因为解雇对他们造成的生活冲击相对较小。在这样的举措之下，1973年总计大约6500人的员工数，在两年后已经少了大约1000人。

但我始终没有去动工会成员的饭碗。后来我决定启动

"宅急便"服务时,公司干部们一致反对,而工会却予以支持和协助。在我看来,这正是由于我此时种的"善因"。如今,不少企业经营者经常把"裁员、精简、优化"挂在嘴边,可如果搞得有干劲的员工都心灰意冷地走了呢?想想都害怕。

最黑暗的日子

通过上述一系列削减成本的措施,公司总算是熬过了石油危机的萧条期,但公司业务收入方面的结构性问题并未解决。1975年可谓公司最黑暗的日子。

作为造成公司偏重于大批量货运业务的始作俑者,其实早在数年前,我便开始察觉自己的这项战略有误。在"运费单价随重量递减"的运费计算体系下,专营大批量货运并不合算。通过办公桌上的理论计算,结论的确如此,但我看到一些同业者似乎也以大批量货运业务为主,因此对于理论计算的上述结果并未完全接受。还有一种可能,就是那些同业者在运送大批量货物时,车上其实还混载着小批量货物。关于这点,自然没人会把真实情况告诉我。于是有一次,我借着去大阪的机会,顺便到了福山通运公司的分部,在其门口偷偷"窥探"情况。

只见卡车司机从车上卸货时,会把属于每张快递单的货物归拢在一起,在确认好每张快递单里的货物件数准确无误后,再进入下一个作业流程。我当时看到,其第一张快递单的货物是3件,第二张是4件,第三张是7件……最少的仅有2件。果不其然,一张快递单里的货物件数多为5件以下,即以小批量货物为主。

在那次"窥探行动"之前,我曾调查过我们公司的卡车货运快递单,发现10件以下的单子不足10%,大半是50件以上的单子。结合上述"窥探行动"的结果,利润率的差距原因便显而易见了。换言之,我重视大批量货运业务是没错,但因此忽视并放弃小批量货运业务,则是一步错棋。

鉴于此,我再次发出了"要重视小批量货运业务"的指示,可为时已晚。面对之前回绝掉的小批量货运客户,

开始强调"重视小批量货运业务"方针的作者,摄于1972年。

此时再觍着脸说"请再让我们为您服务",结果招来客户一顿骂。而在公司内部,我这种"朝令夕改"的做法也导致一些干部和员工对我感到不信任。

那些业内竞争对手的公司经营负责人,势必是从经验上理解了"大批量"和"小批量"对一件货物运费单价的影响。可我只知纸上谈兵,在"窥探"同业者的分部之前,我一直不知其所以然。这便是"总务出身"的我的悲哀之处,真是惨痛的教训。

前行方向，露出曙光

正如前述，我专注大批量货运业务遭遇失败，转而重拾小批量货运业务又为时已晚……如此一来，重振公路卡车货运业务自然遥不可及，而且整个公司也陷入了死胡同。在公司最为黑暗的 1975 年度，总营业利润率跌至 0.07%。倘若拿不出根本性的对策，公司就会有倒闭之虞。

当时，我自问道："何为理想的快递货运公司？"我给自己的答案是："网点覆盖全国，承接各种数量和尺寸的货物的公司。"接着不知为何，我脑中突然想起曾经在报纸上看过的一篇关于牛肉盖浇饭餐饮连锁"吉野家"的报道。记得那篇报道里说，在把菜单内容精简至牛肉盖浇饭后，其营业利润不降反升。一般认为，减少商品种类，势必导致顾客减少。可吉野家却大胆地"做减法"，从而打造出了自身特色，反而吸引了更多的顾客。

这令我醍醐灌顶！对啊！不要以"万金油"式的快递货运公司为目标，而是向吉野家学习，试试"精简承接的货物种类"如何？这便是催生日后"宅急便"服务的首个灵感来源。那么问题来了，什么才是我们大和运输公司的"牛肉盖浇饭"呢？

而身边的生活琐事，则给了我第二个灵感来源。当时，我想把儿子已经穿不下的西服送给我弟弟的儿子。弟弟当时住在千叶，可身为运输公司社长的我，居然找不到适合的快递手段。当时的运输公司主要针对企业级客户，并不旨在满足普通家庭的寄件需求。

作为普罗大众的家庭主妇们，势必因此而感到不便。虽说当时有"国铁小包裹""邮政小包裹"服务，但其都属于"牛哄哄"的国企。普通人要想用这些服务来寄件，就必须遵循诸如"自己系好货签""自己扎好包裹"之类的烦琐指示，且送达所需时间很长，因此主妇们对这样的服务常常敬而远之。毕竟是国企，性质接近于衙门，因此里面的工作人员既无进取精神，也无服务意识，而是摆出一副"勉为其难帮你送件"的态度。而这块长期被国企独占的"家庭快递寄件市场"，便是很好的切入点。此外，我们公司在战前就赢得良好口碑的"大和便"货运服务品牌亦勾起了我乡愁般的回忆。记得那时候，大和运输公司凭借"大和便"深入大众家庭，把深谷（地名）的葱和土蒲（地名）的山芋等地方特产运到城里，深受市民的欢迎和好评。

而第三个灵感来源，则是日本航空公司推出的"JAL

儿子的西服亦成了我的灵感来源,摄于1970年。

PAK"一站式旅游产品。当时,就连我们大和运输公司也以代理加盟的形式,在销售上述旅游产品。而我自己也参加了相关的海外研修会,对其心生浓厚兴趣。

简单来说,"JAL PAK"就是把机票、酒店、市内观光、领队等出国旅游所需的要素全部"打包",为游客提供一站式服务。如此一来,就连用英文字母签名都不会的大爷大妈们,也能安心惬意地前往夏威夷等海外旅游胜地。

从日本航空公司的角度看，此举等于是通过"将旅行商品化"来获得新客源。在那之前，传统思维认为旅行是个人化的行为，很难将其作为一种商品来售卖。

于是，我试着将上述"JAL PAK"的成功案例与自己的构想进行比对，得出的结论是"若能将'从家庭到家庭'的快递送件服务顺利商品化，那么广大主妇们势必愿意购买"。纵观运输公司给人的传统印象，总是摆脱不了"糙汉子"的行业画像，因此也"吓跑了"一众主妇。反过来看，她们其实正是巨大的潜在客户群。

既然服务要针对主妇，其内容就必须简单明快——各地区统一的收费标准，客人不需要自己扎好包裹，原则上次日送达，全国各地皆可承运，全国各地皆可送达……服务的大方向逐渐在我脑中清晰起来。自己酝酿新商品的计划，并随着思考深化而一步步丰满计划的血肉，该过程令人感到愉悦。

我当时坚信，该业务无疑会取悦民众。而获得广大市民支持的企业，应该就不会破产倒闭。道理很简单——市民一旦认为"那家公司要是倒了，我们的生活就会有所不便"，那么该公司便有了生存下去的本钱。

可从商业模式的可行性角度看，该业务是否成立呢？纵观以企业为客户的货运业务，不管是大批量还是小批量，运送路线基本固定，且客户需求也基本稳定。以松下电器的工厂为例,每次去其工厂承运,货物基本都是数百台电视机之类,且每月的出货日都固定,而从工厂送至销售公司的运输线路也固定,因此这类业务很容易操作。不过也正因为如此,导致该业务在业内竞争激烈,同行们互打恶性价格战。

　　与之相对,以普通家庭为客户的货运业务则有偶发性和不确定性。诸如"寄给亲戚土特产""寄给孙子辈入学礼物"之类的刚需的确存在,但至于货物从哪里来,又要送到哪里去,在接单之前,承运方是全然不知的。哪怕就拿同一户家庭来说,可能其上个月要寄件到鹿儿岛,而这个月又要寄件到青森了。不仅如此,在接单后辛辛苦苦派车去居民区收件,结果客户有可能只要寄一个包裹。由于这些不确定因素,该业务似乎虚无缥缈、不着边际,因此业内没有企业问津。

　　于是我冥思苦想,结果突然灵光闪现——何不自视为鸟,飞于云端,以名副其实的"鸟瞰"方式审视该业务?基于此思维角度,我发现,每天从东京运至大阪或者名古屋的货物总量大致是稳定的。换言之,虽说从单件货物的"微观角度"看,确实极具不确定性,但从整体物流的"宏观角度"看,则相应的需求切实存在,且足以支撑起业务。

第十二章 『宅急便』的诞生

力排众议,创建"宅急便"

1973年9月,出于视察营业所的目的,我去了纽约。

当时我漫步在曼哈顿的街上,行至一个十字路口时,我看到4辆UPS的收发车停在周围。这一幕令我醍醐灌顶,给了我"宅急便能够成功"的信心。

宅急便的成败关键在于货物的"密度"。一辆收发车的运行成本几乎固定,因此收发车上的货物量便是关键。而纵观上述UPS的收发车,一个十字路口有4个角,其每个角1辆,证明UPS的生意已经好到"每个街区得派1辆"的程度了。照此趋势,UPS肯定会投入更多的收发车。这证明,只要服务好,货物密度就会增加,从而早晚会跨越"盈亏分界点"。可以说,是UPS最后"推了我一把",使我最终决定启动宅急便服务。而后来开展国际宅急便业务时,我也选择了UPS作为合作伙伴。

在当时日本国内的快递货运行业,我的这种构想完全属于"违背常识"。我试着先和公司干部们通气,结果招来一致反对。我找父亲商量,结果连他也对我的想法摇头。

"就连收件不太烦琐的百货店配送业务都日渐难做，要是以普通大众为客户，每家每户去收件，公司势必更会亏损。"

上述反对意见可谓最具代表性。我们公司的百货店配送业务一直在填补公路卡车货运业务的赤字。可当时就连这样的龙头业务，其利润也在日渐萎缩，因此在"反对派"看来，我提出的"宅急便"点子恐怕会成为"压死骆驼的最后一根稻草"。

当时唯一站在我这边的，是工会三大首脑。前面提到，在1973年的石油危机后，我没有辞退一名工会成员，此举赢得了工会的信赖。此外，对于前面提到的"外地员工上京协助"，外地分部的工会成员们其实不太情愿，"只要能留在本地，让我们干啥都行"的氛围似乎日益浓厚。

至于我自己，对于该新业务几年后才能赢利其实也不确定。但我能确定的是，倘若继续针对企业级客户，从事商业货物运输业务，那我们大和运输公司便永无出头之日。换言之，在这块既有市场中，我们已沦为"败犬"，因此唯有着手新业务、开拓新市场，在不同的市场、不同的"相扑台"上，和竞争对手们一决胜负。为此，我唯有豪赌一把，让公司起死回生。

收件第一，配送第二

1975年夏天，我亲自起草该新事业的概念内容，成稿为《宅急便开发纲要》文件，并提交给了董事会。我不顾公司干部们背地里持续不断地反对声浪，以力排众议的方式，取得了董事会的首肯。于是在同年9月，我成立了10人左右的工作小组。我和都筑干彦常务作为牵头人，加上数名年轻员工和工会干部。以"次年1月启动业务"为目

在分店店长研修班上，作者讲解宅急便的运作体系，摄于1980年。

宅急便服务启动初期的专用快递单

YPS 宅急便
一个电话，次日送达

"喂喂，我想寄件。"

配送范围
东京都内23区及周边
关东6县各城市市区
次日送达

"没问题，马上来您府上取件。单件物品重量在10公斤以内的话，每件收费500日元。"

物品
长·宽·高合计不超过1米

Yamato Parcel Service

当想寄一件物品时，并且是急着想寄到目的地时，您会怎么做呢？是去附近的邮局呢？还是自己蹬自行车或者坐出租车去快递公司寄出呢？就为了寄一件物品，却要如此大费周章，想必您也为此烦恼过吧。现在好了，您只要动动手指，拨打您附近的YPS宅急便服务中心电话，我们便会迅速驱车，前来取件。

🐈 大和运输

承运方：

油印的初版广告宣传单，印于1976年1月。

标,花了两个月时间,对计划进行优化和细化。

在构建宅急便的配送网络时,我参考了民航业的"轴辐式系统(Hub & Spoke System)"概念,在日本各都道府县设立相当于"国际枢纽机场"的货运据点——"基地",然后在其周边设立相当于地方性机场的枢纽中心站,最后再扩充更下一级的分散集件点——"节点"。以这种"三阶段"的方式,架起配送网络。

那么宅急便业务的首要关键是什么呢?是配送吗?答案是否定的,关键是收件。倘若收件不到位,则一切都是空谈。反之,倘若收件到位,就必须配送出去。鉴于此,即使要担心配送环节,也要等到收件之后,才有担心的资格。

如果把承运的货物比作豆子,我们之前的业务等于是把"一升斗"容量的豆子一斗一斗地运送。而新的宅急便业务,则等于是把散落在地上的一粒粒豆子捡起来。那么如何做到这一点呢?这就需要利用"人多力量大"的原理——不但要让持有装豆子的"一合小斗"(译者注:1合=0.1升)的人帮忙捡,还要让没有斗的人也来帮忙捡。具体来说,即派出大量的轻型汽车去收件,并委托收件代理店支援该业务。

在宅急便的战略层面,收件代理店的意义重大。前面提到,宅急便的主要客源是主妇,所以要选择她们熟悉的地方作为收件代理店。作为候选对象，我脑中第一个浮现的就是酒铺。

选择酒铺，可谓双赢策略。对我们大和运输公司而言，好处当然是"有人帮我们收件"，而对酒铺而言，其实也好处多多。当时，对家庭主妇而言，寄点小物件是件麻烦事，因此不少主妇在寄件时都会摆出一副低姿态，俨然在求人帮忙送达一般。

自不必说，收件代理店是有手续费拿的，这笔钱足以成为酒铺老板娘的"额外零花"。此外，前来寄件的主妇往往会顺便买些酒或酱油，这等于给酒铺增加了生意，自然令酒铺老板欣喜。与之相对，乍一看与酒铺类似的米店就不同了——与其合作的效果，不如酒铺理想。由于米店的客源几乎固定，因此其缺乏争取新顾客的意欲。

从主妇的角度出发

在制定宅急便服务的可行性计划时,我最重视的是"从顾客的角度出发",因此我一直基于主妇的立场看问题。

比如,商业货物的配送收费标准是"与距离成正比,目的地越远越贵",但在制定宅急便的收费标准时,我采取了"同地区均价"的方式。换言之,凡是从东京寄往日

委托酒铺代为收件,摄于1976年。

本中部地区，不管目的地是冈山还是广岛，收费都一样。冈山和广岛，哪个距离东京远？这不是主妇所关心的问题。她们要的，是简单明了的收费标准，所以应以此为优先。

哪怕目的地是山区地带或远离本土的岛屿，我也决定不加收运费。一旦加收，势必有主妇感到不公平——"我家亲戚住在山里和岛上也是没办法，又不是闲得慌故意住那儿的"。我认为，既然决定充当公共承运商（Common Carrier）的角色，就必须承担"提供普遍且公平的服务"的义务。

"客人不用自己打包物件或扎好包裹"的理念亦源于此。快递货运业者的逻辑是"客人不事先打包好，物件就容易在运送过程中损坏"。而主妇的逻辑是"在运送过程中不让物件损坏，才是专业的体现"。

在该服务正式启动之前，为其命名可谓最后的关键一环。对于我想出的这个名字"宅急便"，当时有反对意见认为"发音让人联想到乒乓球，不是很出彩"[译者注：在日语中，"卓球"（乒乓球）和"宅急"的发音类似]，但我觉得该名称体现了"宅配（送货到家）""迅速""便利"的具体服务内涵，因此最终还是决定起这个名字。

最初仅仅 11 件

1976年1月,赌上公司的命运,我正式启动了宅急便服务。首先以关东一带为服务地区,以"次日达"为卖点。至于运费,我们上门取件收500日元一件,客人如果自行前往营业所寄件,则便宜100日元,即400日元一件。

然而在开业首日,收件数仅为11件。开业首月的合计收件数也不足9000件。当时,公司全员都对该业务的营收状况忧心忡忡,我心中也觉得其前途多舛,但我并未给公司干部和员工施加盈利压力,反而在每次开会时都会不厌其烦地反复强调:"对于该业务的利润,我不会提一个字,只希望各位先把服务摆在首位。"我甚至还制作了"服务为先,利润为后"的标语牌。

宅急便服务,等于是一项铺设网络的事业。我在脑中把其联想为电话事业。在铺设电话线的初期阶段,需要巨额的设备投资,而电话用户数量却很有限,因此入不敷出。可一旦电话线通信网络覆盖全国,就会催生越来越多的用户和需求。比如有的女学生会在深夜和闺蜜煲电话粥,等等，于是就能扭亏为盈了。

再说回宅急便服务，其人员费用、车辆费用、营业所的运营费用等都属于固定费用，因此在跨越盈亏分界点之前，是不会赢利的。而在未赢利之前，即便去计算每件投递货物的成本，其实也无意义。我坚信，将来一旦跨越盈亏分界点，就势必能获得稳定的利润。因为企业经营，即逻辑的层叠。话虽如此，但这毕竟是我的展望和推测，也不知道何时能实现。问题在于，我们公司能不能在避免倒闭的前提下，咬牙挺到那一天。但我又转念一想，这不是"能不能"的问题，而是"必须这么做"。

那么如何让营业额提升至跨越盈亏分界点的程度呢？增加收件数即可。那么如何增加收件数呢？提升服务质量即可。由此可见，"服务差别化"才是最为关键的命题。

具体来说，即提升收件和投递的速度。为此，最立竿见影的手段是增加营业所和作业员工的数量。当然，此举会增加成本，但服务与成本原本就是二律背反的关系。换言之，只要强调利润，服务就会沦为半吊子水准。鉴于此，我故意让员工们暂且抛弃"核算意识"。事物皆有正反两面，若畏惧其缺陷而裹足不前，便无法取得发展进步。其实缺陷并不可怕，只要充分发挥其优势，让优势盖过缺陷即可。

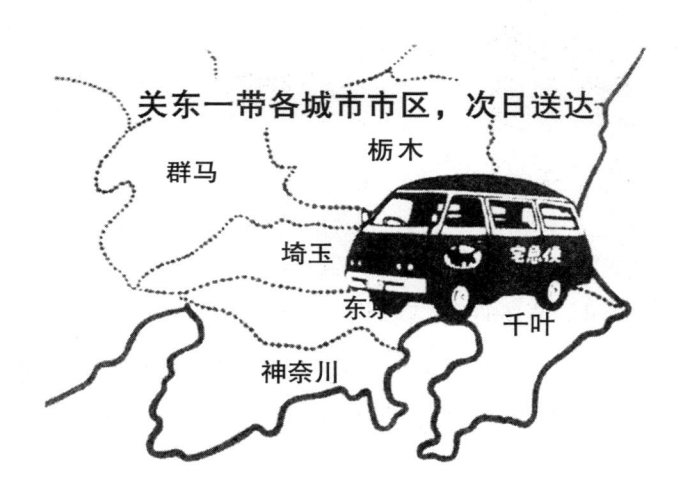

宅急便的首支电视广告,以动画卡通的形式呈现,播放于1976年3月。

以"全员经营"为目标

此外,我还向员工强调"全员经营"的理念。因为我觉得那种"上司发令,上司监督"的传统管理模式已经不适用了。位于基层岗位的司机们若不能通过自主行动来赢得顾客的信赖,宅急便服务便难以成立。在参加行业学习会时,被请来演讲的上智大学教授篠田雄次郎先生的发言内容给了我启发,促使我决定实行"全员经营"。

在我看来,要想应对到来的物流改革,整个行业的"水准提升"十分必要。鉴于此,1972年,我设立了"全国运输事业研究协会"(简称"全运研"),招收对象是年轻的企业经营者。1977年,"全运研"于群马县草津(地名)召开的第七次大会上,篠田教授以《全员参与的货运业务经营》为题,给大家做了演讲。其演讲的中心思想是"参考德国的'合伙(Partnership)经营'模式,重视交流沟通,让社长的思想和理念落实到公司的方方面面,让全体员工皆能共有该思想和理念,从而使员工能预判社长的思想方针,并自发性地付诸行动,最终使无需命令、无需监督的劳务管理和用人方式成为可能"。该演讲实在令人收获良多。

为此，我对公司的司机们要求"你们要有寿司匠人的精神"。大家可以想一下寿司店匠人的工作场景——他们与食客对话交流，推荐当日寿司主料，待客人下单后，便迅速捏出寿司。其不但有专业技能，还有亲和力。由此可见，只要员工多才多艺、待人亲切，买卖就能兴隆。而倘若员工缺乏主见，事事都要请示上司，则客人势必感到扫兴。我们宅急便司机的工作性质亦是同理，所以从当时起，我便改称他们为"行车业务员（Sales Driver）"。

"全运研"成员在学习篠田雄次郎教授的"全员参与经营"理论。在屏风前致辞的为作者，黑板前的为篠田教授。摄于1977年草津。

而在我提倡"全员经营"后,一部分工会成员认为这是"分化破坏工会的阴谋",从而提出反对。我对此感到吃惊,于是询问其理由何在,结果对方答道:"如果公司全员都成了经营者,我们工会成员不就归零了!"我当然从未如此想过,不过这也给我上了一课,让我认识到一个道理——在上千乃至上万人规模的组织中,假如领导一个号召就能让全员遵循、处处落实、顺利运作,那反而奇怪了。换言之,有问题和抵触才是正常现象。

于是我向对方开诚布公道:"对我而言,工会就像我的胃神经。在我饮酒过度时,它就会作痛。这种疼痛促使我饮酒节制,从而避免了胃溃疡。所以说,当公司经营状况不佳时,你们工会有什么意见尽管提。"对方最终表示了理解。

第十二章 猫急了咬狮

行车业务员的喜悦

虽然宅急便在初期陷入苦战,但随着时间的推移,其在消费者中的认知度逐渐提升。"一个电话上门取件,哪怕只寄一件也没问题"的服务以及"次日送达"的速度逐渐建立了口碑,并日益深入人心。

至于从事该业务的司机,他们起初不情愿干这活儿。因为在货运司机的圈子里,开大卡车的才有面子,而开轻型小卡车的则被视为"低端司机"。此外,对于收钱和处理票据等业务,从事宅急便业务的司机也多有不满,认为这些不是他们的分内事。

可另一方面,每次把快递送到目的地时,家里的主妇往往会表示感谢和慰劳,"谢谢啊""你辛苦了啊"之类的话语不绝于耳。反观针对企业的大批量货运业务,送到目的地(公司或经销处)后,对方经常甩过来一句"怎么这么晚才送到!"。前者的正向反馈,使宅急便的司机们士气大增。换言之,客人的感谢和慰劳之言,成了我们公司行车业务员工作中的最大喜悦。在我启动宅急便服务之前,他们应该极少获得客人的如此厚爱，因此他们渐渐觉得从事该业务是件好事。

说句题外话，曾经有一名空乘小姐对我说，在飞机着陆后乘客离机时，乘客的一句"谢谢"是她们空乘人员唯一感受到自身存在价值的瞬间。

这话令我感到有点儿凄凉，因为在离机时说"谢谢"的乘客只占少数。从那之后，每次离机，我都会向服务人员说"谢谢"，且在商场和餐厅亦如此。尤其当餐厅的餐饮或服务令我感到满意时，我就会"偷瞄"服务员戴着的名牌，然后默默记住。等会儿直接叫其名字时，对方势必会开心。换言之，我认为"接受服务后心怀感谢乃理所当然"，而"努力表达这种谢意"亦是必要的。

再说回我们公司的宅急便，开业头两个月的合计收件数超过了3万件，而实际首年度，1976年的合计收件数超过了170万件。这令我颇为欣喜。虽然还未实现盈利，但头一个难关总算是过了。

不仅如此，在正式开展业务后，我意外地发现，先前被周围人说得"尽是缺陷"的宅急便，其实拥有不少优势。比如，主妇不会像那些大批量货物的托运方那样杀价砍价；宅急便承运的货物较轻，女司机亦能胜任运送工作……而从一开始就发现的一大优势，则要数"每天实打实的现金收入"。纵观企业级客户,在结算运费时通常都是开支票,需要等一段时间才能收款。换言之,宅急便改善了我们公司的资金周转状况。

与三越分道扬镳

1979年,有一件大事发生,其象征了我们大和运输公司的转折期,那就是与三越百货的分道扬镳。从大和运输公司创立的第4个年头起,历经半个多世纪,其一直是我们重要的老客户。

作为大和运输公司创始人的父亲常说:"对三越这个客户,我是诚惶诚恐,感激不尽。"而三越的岩濑英一郎社长也曾说:"把商品送到顾客手中,如同一场接力,而大和运输便是我们百货店'最后一棒的跑手'。"

三越拥有"珍视合作伙伴"的优良传统,而其合作伙伴也对三越忠诚尽责。原因很简单,能与三越这样的大牌百货公司建立合作关系,也是对自身的企业信用的背书。前面提到,从1961年起,我们大和运输公司成为可口可乐东京公司的独家承运商,这也是因为可口可乐东京公司看到了三越对我们公司的长期信任,从而作出的选择。甚至在很长一段时间里,可口可乐东京公司的社长每次碰到我都会问道:"我们(可口可乐)公司包给你们的活儿怎么样？营业额超过三越了吗？"

可就是如此稳固长青的合作关系，在冈田茂先生就任三越社长后，却发生了巨大变化。

第一次石油危机后，作为改善企业业绩恶化的对策，冈田社长对我们公司提出了"降低配送费"的要求。这还不算，他还以"大和运输公司的三越配送专用车辆使用了三越配送中心的停车空间"为由，向我们收取所谓"停车费"。此外，由于我们公司负责三越配送业务的员工常驻在三越那里，因此他又要求我们支付所谓"办公场地使用费"。

当时，基于"（上述一切）是等待三越业绩恢复之前的暂行措施"的条件，我悉数答应了他的这些要求，可他却没能信守承诺。不仅如此，他还变本加厉，提出了更多的无理要求。比如搞"强行摊派"，硬要我们公司购买他们三越的东西，包括绘画作品、别墅地、自制电影的预售票等，甚至硬要我们公司派人参加三越组织的海外旅游团。

而到了三越的企业庆典时期，我们按惯例赠送清酒，结果他又说："清酒你们不用送来，算作三越的外销营收（译者注：冈田社长这里说的"算作外销营收"，意思是把清酒当成是"三越卖给大和运输公司的"，到时候大和运输公司直接给三越打钱）就行。"后来，三越的前任社长松田伊三雄先生逝世，葬礼当天，我们公司打算送插花礼

大和运输公司的三越配送专用车辆,摄于20世纪30年代。

品以表哀思,可就连这,冈田社长都要"算作外销营收"。他当时对此还颇为得意,说自己是"发挥创意,提升销售额",可其实就是强行摊派而已。拜其所赐,我们公司三越专属配送部门的收支持续赤字,年度赤字一度高达1亿日元以上。

不得不说,他的所作所为完全无视商业道德。念在是最大的老主顾,我才一直忍着,但当时实在是忍无可忍了。于是在征求董事会意见和告知工会后,在1978年11月,我向三越的津田尚二常务提出了"解除配送合同"的申请。虽然津田常务诚心挽留,但我心意已决。不过考虑到年底的繁忙期,我答应将配送服务持续至次年(1979年)2月末。到了最后期限,出于礼貌,我前往三越做"诀别的问候",结果冈田社长出来对我说:"你当时直接找我商量就好了嘛。"他这番作态令我超越了愤怒,反而感到滑稽而笑出了声。

作者父亲康臣最后一次参加作为每年过年惯例的"高尾山新春参拜活动"。摄于 1969 年 1 月 12 日,照片右边为作者夫人。

此事当时还受到了媒体的关注。由于三越的日本桥总店(东京都中央区)的大门口有狮子像,是不少人见面碰头的标志性参照物,再加上我们大和运输公司的商标是黑猫,因此媒体一度把此事命名为"猫急了咬狮"事件。

而在我们公司三越专属配送部门临近关闭的 1 月 15 日,父亲去世,享年 89 岁。直到最后,我对他的感情都是

"尊敬"和"抵触"的反反复复，但他的确是我企业经营方面的良师，亦是我一生的"对手"。与三越和父亲的诀别，也进一步促使我开创新时代。

第十四章 专注于『宅急便』

放弃大批量货运,专注于宅急便

在我们公司与三越分道扬镳后,三越的冈田茂社长遭到了解任。对此,我觉得是他种瓜得瓜、自作自受,但我并不讨厌三越百货这家企业本身。当时,为了打消委托我们配送的其他百货店相关负责人的疑虑,我对他们解释道:"我(之所以和三越分道扬镳),只是不满于冈田先生个人的所作所为而已。"于是他们给予了理解。

与三越的诀别,一方面让我们公司员工感到了冲击,另一方面也增强了他们"靠宅急便背水一战"的决心。同年(1979 年),我开始实施彻底的"意识改革"。作为此举的标志之一,我宣布"放弃与松下电器等大批量货运客户的合作"。

古人云"逐二兔者不得其一",毕竟大批量货运业务与宅急便的属性完全不同,要兼顾不太现实。当年我们大和运输公司取得东海道公路运送线的货运资质后,松下电器没有因为我们是"后发者"而拒绝我们,反而给予了我们生意,所以其对我们公司有恩。而也正因为如此,在向松下方面提出取消合作的要求时，我内心十分难受。至此，由于我们公司彻底与大批量货运业务脱钩，导致在1979年度的决算结果中，包括宅急便在内，全体公路卡车货运业务皆跌至赤字。

但另一方面，宅急便业务的体量的确在成倍增长。1980年度的合计收件数达到了3340万件，几乎已与"国铁小包裹"并驾齐驱。不仅如此，公司那一年整体的日常利润已是上一年度的3.3倍，且与营业额的比率也突破了5%。作为快递货运公司，这样的业绩可谓"空前优良"了。在我启动宅急便服务的第5个年头，该业务终于扭亏为盈。

到了1982年，我将公司名称从"大和运输公司"改为"YAMATO运输公司"，进一步加速了公司的改革。可就在我不懈追求盈利、努力拓展服务覆盖网络时，却碰上了新的壁垒。那就是"行政规定"。

闻所未闻的行政诉讼

前面也提过,当时在日本从事卡车货运业务,需要具体地区和线路的资质。1980年8月,我们公司申请了国道20号线(山梨线路)的卡车货运资质,可运输省(译者注:相当于"交通部")却把我们提交的申请文件雪藏了。原因是"当地同业者害怕加剧竞争而普遍反对"。

1984年1月,为了审议我们公司的上述资质事项,运输审议会举行了听证会,而我出席作了开头陈述。当时我强调:"我们公司的宅急便服务对象是不特定多数的大众消费者,与既有同业者所从事的商业货物运输完全不属于同一市场范畴。"对此,审议会亦表示认可,于是在同年5月,我们公司总算取得了国道20号线的卡车货运资质,但距离当初申请已经过去了将近4年的时间。

而我们公司于1981年11月申请的"北东北线路"的卡车货运资质,也不出所料地石沉大海。于是我去催运输省,结果对方回复道:"只要你能搞定你的同行们的反对,我们这里随时能给你资质。"

我觉得简直岂有此理。即有同业者反对就不给我们资质，同业者不反对就给我们资质。作为行政机关，这不等于"自我放弃行政权"吗？作为行政机关，难道不应该以"维护广大消费者利益"为使命吗？我实在怒不可遏。

在距离申请已经过去4年的1985年12月，我依据《行政异议审查法》，向当时的运输相（译者注：相当于"交通部部长"）提出了抗议申诉。对此，运输相答复道："我们还在慎重地评估，你们公司暂且先把该资质申请撤了吧。"他的回答不出我所料，可谓"正中下怀"，于是我使出了准备好的"杀手锏"。

1984年，在运输审议会的听证会上进行陈述的作者，照片由报社"输送新闻社"提供。

1986年8月，我找到东京地方法院，以"不作为的违法行为"为由，起诉了时任运输相的桥本龙太郎。一家民营企业，把分管自己的行政部门领导告上法庭，这可谓闻所未闻的行政诉讼。想必运输省没有打赢这场官司的底气，所以在同年10月，运输审议会举行了听证会。到了12月，我们公司便拿到了"北东北线路"的卡车货运资质。

　　矛盾既然消失，上述官司也就自动解除了，但我并不认为自己理亏或者输了。虽然《道路运输法》中的条款——"运输省有权根据市场供求状况来决定是否给予资质"成了运输省强调的借口，但有关实际供求状况的资料之类，运输省那边肯定是没有的。

　　后来我当上了临时行政改革推进审议会的委员，于是命令运输省出示当年与"处理快递货运企业资质申请"相关的文件资料，结果得到的报告显示，1985年度的资质申请件数合计144件，申请通过颁发资质的为90件，驳回0件，申请方撤回的为78件。

　　驳回0件，说明运输省拿不出驳回的理由根据。至于申请方撤回的78件，是运输省劝申请方"主动放弃，自行撤回"的结果。而申请通过的90件加上申请方撤回的78件，其合计数为168件，显然超过了1985年度的资质申请总数（144件）。这是因为一些申请已被搁置了数年。运输省的不负责和不作为可见一斑。

自从有了"起诉运输相"一事后，大众就给我贴上了"敢于与官僚开战的男人"的标签，但我自身其实并无刻意与官僚为敌的打算。运输省妨碍我们公司开展业务，所以我抗争，仅此而已。一想到获取一条线路的卡车货运资质居然耗费了 5 年之久，至今依然令我感到愤慨。

围绕"P尺寸"的攻防战

我与运输省的矛盾不仅集中在线路的卡车货运资质方面,还包括运费问题。

当时,我们宅急便的收费体系以重量为基准,其分为"S尺寸"(不超过10公斤的物件)和"M尺寸"(不超过20公斤的物件)。有一次,在和女学生谈起宅急便服务时,她们反映道:"考试之前会和朋友交换课堂笔记,这时候会用到宅急便,要是(收费)能再便宜点儿就好了。"我觉得此话有理,于是在1983年3月,为了增设小于"S尺寸"的"P尺寸"(不超过2公斤的物件),我们公司向运输省提交了"新资费标准许可申请"。

结果运输省的回复是"No"。这亦令我感到愤怒,政府机关审核快递货运公司的资费标准申请,其本应旨在防止快递货运公司做出类似"针对特定托运方提供非正常低价服务"之类的不正当竞争行为,而并非等于政府机关就有权力干涉民营企业的定价行为。这些"官老爷"也太自以为是了。

巧在那时刚好是全日本卡车协会与运输省之间正在协商推动一件大事的时候，这件大事就是"给卡车货运费用提价"。当时双方已经达成一致，正在推动提价的实行。可按照《反垄断法》，这种"行业协会决定提价，运输省予以同意"的做法其实是违规的。即便如此，双方依然无视公正交易委员会的存在，若无其事地我行我素。

可公正交易委员会毕竟摆在那里，因此"表面功夫"还是要做足的。为此，卡车协会先是装模作样地制作了5种运费表，每种的内容只是稍有变动。接着让行业内的企业在《运费改定申请书》的首页上盖章。然后把有企业公章的首页收上来，用订书钉随随便便订在运费表上，最后交给运输省。如此一来，从表面上看，各企业对运费改定的额度诉求各不相同，可实际上大家背地里早已商量好了提价额度，且运输省也已同意。

而我则借着这个机会，故意不提交《运费改定申请书》的首页。作为业内大企业的YAMATO运输公司如果不参与该申请，那么这件提价的大事就等于搁浅了。于是运输省的官员找到我，低头拜托我配合。于是我以"运输省通过我们的'P尺寸'申请"为条件，提交了《运费改定申请书》的首页。

可到了节骨眼上，运输省居然出尔反尔，还是对我们的"P尺寸"申请不予受理。当初明明说好的，结果却如此不讲诚信。既然这样，我也一不做二不休，决定利用媒体，用舆论来造势。5月17日，我在日本的各大报刊上打广告，宣布宅急便的"P尺寸"将于6月1日推出。此举旨在给运输省施压，督促其尽快认可我们的申请。

结果运输省依然"不为所动"，于是我又在5月31日的各大报刊版面上打出了"P尺寸延期推出"的广告。在该广告中，我在对消费者致歉的同时，也指出"由于运输省审批环节的搁置，导致我们不得不延期"。

据说当时看到该广告后，运输省的杉浦乔也事务次长勃然大怒，可在我看来，该勃然大怒的是我才对。运输省这个衙门，实在是无可救药。其完全不为国民着想，只知道和同业者"和稀泥"。民营企业必须一天到晚心系消费者，否则就会倒闭，因此拼死拼活地努力。而反观这些衙门的公务员，却缺乏"自己是靠纳税人养活"的意识，这着实令人头痛。

不过好在日本的衙门和官员害怕媒体和舆论，因此我不惜血本，哪怕支付高额广告费，也要向大众发声。最终，运输省迫于"呼吁放松行政管制"的社会风向，在1983年7月批复认可了我们的"P尺寸"申请。

宣布推出P尺寸（上图）和延期（下图）的报刊广告。上图取自1983年5月17日的《朝日新闻》报纸版面，下图取自同报纸5月31日报纸版面。

不依靠政治家

根据我自身的经验，我发现官员普遍欺软怕硬。因此与当官的进行交涉时，切不可态度谦虚和卑下。应该用事实、道理和逻辑武装自己，态度坚定地与其正面交锋。最好是付诸法律手段，与其辩个黑白分明。

经常有人惊叹我"真敢和分管自己的行政部门吵架"，这大概是继承了我父亲"老东京商人"的特质。在武士阶级耀武扬威的时代，东京的商人之间有句话叫"害怕腰佩双刀者（译者注：指有正规编制的武士），就甭想赚钱吃饭"，这也体现了他们对武士阶级的抗争精神。那些拥有权力却不顾民生、只知作威作福的武士，是最令老百姓深恶痛绝的。

至于当代的"武士"——官僚，就像牛皮糖那样，狡猾而难缠。1988年，我参加了临时行政改革推进审议会，并成功促成了卡车货运业务的审批改革。从此，线路的"资质制度"改为"许可制度"。可当时一名委员对此说道："这下子运输省可谓'亡羊得牛'了。"此话令我震惊。

问其缘由，对方解释道，与"资质制度"相比，"许可制度"降低了准入门槛，这势必会导致申请的数量增多，于是运输省便能借机增员，扩大自身规模。这让我深切感受到，在这样的土壤下，从根本上"废除行政管制"几乎是不可能的。

哪怕我在与官僚交涉过程中碰了壁，我也不会去找政治家帮忙。其实，当年运输省雪藏我们公司提交的山梨线路卡车货运资质申请时，曾有人提议"不妨去求求小渊先生"。这里说的小渊先生即后来当上首相的小渊惠三先生，而他的父亲小渊光平先生曾在群马县经营一家货运公司，通过同业者交流会，光平先生与我父亲有了交情。此外，后来光平先生参选落马后，负责其选举活动的秘书便入职了我们公司。基于这样的关系，加上我和光平先生的公子惠三先生同为"二代"，因此也彼此熟识。正如周围所评价的那样，小渊惠三先生为人耿直。

假如我去求小渊惠三先生，他势必会联系与他同一派系的政治家金丸信先生，因为金丸信先生是山梨县人，在本地颇有势力。可我一旦如此借用政治家的力量，我们的同行势必也会如法炮制地找关系对抗，最终恐怕会以"双方找的领导彼此折中妥协"的结局收场。这样一来，我最初的诉求便得不到满足。正因为不想做出这种到时候要后悔的事，所以我才不去依靠政治家。

在花甲之年的庆生会上，作者与小渕惠三先生的合影。摄于1984年，照片中最右边的为作者夫人。

后来在细川执政（译者注：此处指日本新党代表细川护熙就任第79任内阁总理大臣的时期，这是自1955年以来首个非自民党政权。换言之，此时自民党首次沦为在野党）、自民党下野时期，小渕惠三先生邀我参加他们派系的会议，为的是让我去给他们演讲。我问他为何叫我去演讲，他说"因为议员们想学习您与运输省的斗争经验"。原来，在自民党沦为在野党后，在位管事的官僚们立马态度大变，对自民党人极为冷淡，因此自民党人打算对抗。这实在令我无语和失望，官员也好，政治家也好，原来境界都如此之低。

第十五章 不断拓展的宅急便网络

3年领头羊计划

之前被各方唱衰，被认为"势必陷入赤字泥潭"的宅急便业务，随着其跨越"盈亏分界点"，同行们纷纷效仿，相继涌入这块市场。不仅如此，他们还效仿我们公司的"黑猫商标"，搞出诸如鹈鹕、红狗、小熊、狮子、长颈鹿之类的商标，意在与我们展开竞争。这些提供同类服务且皆为动物的商标，一度多达35个。

这便是所谓"动物大战"的序幕。对于同行们参与竞争的行为，我是表示欢迎的。不怕不识货，就怕货比货，消费者拿友商作比较，便更能凸显我们公司宅急便服务的高质量。我就是有这样的自信。

但自信归自信，当然大意不得。我们公司需要进一步努力，大幅提升服务质量，从而把同行们完全甩在后面。为此，我于1981年启动了"3年领头羊计划"，旨在取得行业内的绝对领先位置。其首个具体目标是建成覆盖日本全国的宅急便网络，增加"次日达"的地区。

该"3年领头羊计划"重复了3次，等于一共实施了9

年。因为人的要求也在不断提高,有的服务在初期的确显得十分优秀和贴心,但随着时间的推移,就变得理所当然了。

就拿"次日达"来说,其一开始的确是能让消费者惊艳的好服务,但我逐渐感到不可满足于此。快递送达时,经常碰到收件人家中无人的情况,这时我们的快递人员会在收件人的信箱里放一封《收件联系单》,之后再送,直到收件人家中有人签收为止。随着时间的推移,这样的服务也逐渐变得理所当然。但如果站在收件人的角度思考,该服务带给他们怎样的感受和体验呢?"好烦呐,黑猫宅急便好像总挑我们家里没人的时候来。"类似的抱怨不能说没有。鉴于此,我于1985年启动了"家中有人时配送制度",即在收件人家中有人的时候将快递送达。

所谓优秀的服务,即顾客希望获得的服务。这个道理看似很简单,

在公司内讲解"3年领头羊计划"主旨的作者,摄于1981年4月。

但企业往往趋向于以"供给侧逻辑"来思考问题。在我看来，这是绝对的大忌。

曾经有顾客对我说："自己之所以使用宅急便服务，不是因为对 YAMATO 运输公司有什么特别的感情，而是因为每次上门的快递小哥都很好。"有这样的忠实客户，等于公司离成为"业内领头羊"又进了一步，因此，此话令我甚为欣喜。

开发新服务产品的艰辛

1990年3月末,第3次"3年领头羊计划"完结。此时,宅急便的配送网已经覆盖了日本全国99.5%的面积、99.9%的人口。实现"次日达"的地区也占到了支持配送地区的9成多。

此外,我还着力于开发宅急便旗下的新服务产品,但过程较为艰辛。比如1984年推出的"高尔夫宅急便"服务,由于名称类似的高尔夫球场太多,着实令人头痛。比如御殿场(地名)周边有不少名字以"富士"打头的高尔夫球场,比如"富士某某高尔夫球场""富士某某乡村俱乐部"等,可谓千差万别。而对于自己常去的球场,许多顾客本人也只记得个略称,而并不知道其正式全称是什么。

此外,对于普通宅急便,"次日达"是理想的目标,但高尔夫宅急便则不同。客人一般会在计划打球的五六天之前把高尔夫球具给我们的快递人员,但高尔夫俱乐部会所的场地有限,而高尔夫球具又占地方,所以我们如果次日送达,反而会被会所的工作人员骂,因此只能在客人计划打球的前一天配送至相应的高尔夫俱乐部。但倘若配送的时间点没算好,导致配送迟了,就会遭到客人的严厉训斥。不过也正因为该服务难题多、难度大,当球具及时送到,客人感到便利时,也会感谢我们"帮了大忙"。此时的成就感不言而喻。

我们的"滑雪宅急便"服务亦类似,也可谓历经艰辛。但在推出该服务后,原本一直属于"快递运输大敌"的降雪,却突然变成了"带来生意的天赐"。这着实体现了企业经营的妙处——不便之处,必有商机。

1983年推出的滑雪宅急便服务所使用的"雪地送货车"。

而于1988年在日本全国铺开的"冷链宅急便"亦遭遇了各类问题,为了解决这些问题,着实花费了较长的时间。首先，对于海量货物，必须按照"可以冷冻冷藏"和"不可冷冻冷藏"的基准，进行严格区分。不仅如此，正如前述，货物要途经集件的"节点"、相当于地方性机场的"枢纽中心站"以及相当于国际枢纽机场的"基地"，从而实现配送。尤其对生鲜食品而言，整个过程中，但凡有一个环节的冷链"掉链子"，服务就失败了。

开发冷链宅急便的设备投资高达 150 亿日元以上。此外，对员工的相关业务培训亦非常重要。如今，其已然成长为 YAMATO 运输公司的主打服务产品。据说，就连当年分道扬镳的三越百货，也经常使用我们的冷链宅急便服务。

1988 年在日本全国铺开的冷链宅急便服务。

第十六章　无法容忍『不合理之事』

邮政省向寄件客户施压

虽然我们YAMATO运输公司在与民营企业同行的竞争中节节胜出，但政府机关一如既往的刁难，依旧令我头痛。说到妨碍我们提升服务质量的衙门，可不止运输省一家。邮政省（如今的总务省）（译者注：相当于"民政部"）也是各方施压，敲打我们。而令我无法容忍的是，其居然以"规定邮政事业由国家垄断"的《邮便法》第5条为令箭，直接威胁我们公司的顾客。

1984年6月，我们公司位于三重县津市的营业所收到了东海邮政监察局的警告函。所谓邮政监察局，即调查与邮政相关的犯罪行为的组织。起因是我们公司承运了三重县政府的海报，收件方是东海邮政局，而海报中夹有说明海报张贴位置的指示文书。邮政监察局以此为由，认为该文书属于"书信类"，而《邮便法》规定，民营快递业者不得配送书信。摊上这档子事儿，于是我这个当社长的不得不写检讨。

邮政省的"邮政小包裹"服务竞争不过我们的宅急

便，想必心中一直不快。而借着上述事件，他们就如"抓住了（YAMATO运输公司）违反《邮便法》的把柄"一般得意扬扬，实在是龌龊。作为承运方，我们根本不知道海报里夹有这样的文书。再说了，寄送这样的文书，有国家垄断的必要吗？

照对方的逻辑，农村老家的老妇用宅急便给东京的孙子寄橘子时，只要在里面夹一张"不要一下子吃太多哦"的字条之类，就算是违反《邮便法》了。事实上，针对该问题，邮政省后来作出了政策调整，规定"快递里的附信不在违规之列"。

在我已转任YAMATO运输公司会长的1994年7月，我们的子公司收到了九州邮政监察局的警告。理由是"该子公司从事的信用卡配送服务违反了《邮便法》"。不仅如此，当时的加藤丰太郎邮政局长甚至摆出了"准备对此立案"的架势。

《邮便法》第5条规定，除国家指定机构外，任何企业、团体或个人皆不得从事明信片及封口书信等信件的配送业务。但对于"何为信件"，法律上却没有明确定义。而当时邮政省引用的定义源于大阪地方法院于1952年的判例。该判例认为，"所谓信件，是以特定的人为对象，表达自己的意思或者告知事实的文书"。而信用卡上写有持卡人姓名和卡片有效期，是一种事实告知，故属于信件。但如此引用信用卡尚不存在的时代的判例，我认为是不合理的。

对此，当时我们YAMATO运输公司的宫内宏二社长不屈服于邮政省的威胁，带头予以反击。他强调"信用卡只是消费者购物时的支付道具而已"，并找到行政法学专家原田尚彦教授，拜托其进行鉴定。原田教授最终得出的鉴定意见是"（把信用卡）视为一般货品较为妥当"。而我也对媒体放风道："邮政省若要立案，我们可是求之不得。尽管放马过来，我们会把官司一路打到最高法院。"

邮政省大概是没有打赢官司的信心，所以其最终并未立案，但却变本加厉，转而向寄件客户施压，并主张"商品券、消费专用券和直邮广告等也属于信件"。按照《邮便法》规定，违反该法规者，情形严重的可以判处3年以下徒刑，或缴纳100万日元以下的罚款。且受罚对象不仅是承运方，还包括寄件的托运方。一句"3年以下徒刑"就足以让寄件客户吓破胆。这便是政府机关的卑鄙之处。事实上，有不少客户都在受到该警告后放弃了使用宅急便服务，转而让邮局送件。

假如我现在还是YAMATO运输公司的社长，面对这样的威胁，我肯定会说："别去吓寄件客户，有什么事冲我来，尽管来告我。"要是法院真判我3年徒刑，我就对公众说："我要去坐牢了，3年后再见。"政府把一个努力从事快递货运业务的企业家关进牢房,势必会唤起社会大众的觉醒。

在我完全离开 YAMATO 运输公司的 1999 年,公司以"存在违反反垄断法的嫌疑"为由,向公正交易委员会提出了对邮政相的投诉。公司的投诉内容是"邮政省通过恣意解释信件的定义,夺去了我们公司广大客户的选择权,这属于妨碍企业经营的不正当行为"。

对此,公正交易委员会认为"信件定义的解释权归邮政省所有",因此对 YAMATO 运输公司的该"反垄断投诉"不予受理。此次投诉抗争是当时公司经营层的自主行为,我并未指示和参与其中。而对于他们的判断和行动,我觉得合情合理,故而十分欣慰。对于"不合理之事",当然不能容忍。倘若对手是仗着权力作威作福的官僚,便愈发不可退缩。

邮政关联法案的猫腻

2002年,有关"向民企开放邮政事业"的提案终于在国会得以审议。当时,一贯主张邮政民营化的小泉纯一郎首相不顾自民党中"邮政利益集团"的反对,将主张"允许民企参与"的《信件邮便法案》提交到了国会,其成为邮政关联法案的关注焦点。

然而,《信件邮便法案》只是官僚和邮政利益集团玩的猫腻而已。回顾YAMATO运输公司与总务省的"斗争史"可知,唯有《邮便法》第5条规定废除之日,才是民企真正能参与邮政业务之时,就是如此单纯明快。反之,保留这第5条和界限模糊的"信件定义解释权",然后去制定什么新法规,其本质无非是变着法子阻碍民企进场的套路而已。换言之,该立法的动机不纯。

纵观该《信件邮便法案》,其写着各种需总务省认可的项目条件,如果民企悉数满足所有条件,获得了全部相关项目的认可批复,就能不受《邮便法》第5条规定的限制。这便是该法案的中心思想。可这相关项目条件包括

"新设10万个左右的邮筒",等等。要知道,邮政局既有的邮筒数约为18万个,它们是属于全体日本国民的财产没错吧。既然如此,为何就想不到"向民企开放,从而收取邮筒使用费"的点子呢?就拿以前的日本电信电话公社来说,在其通过民营化改革而变成NTT后,不是也将自家的通信网络与其他电信公司互联了吗。

我当时已经离开了YAMATO运输公司,不再干涉公司事务,但我还是托人转告公司的有富庆二社长"不要与《信件邮便法案》扯上关系"。4月26日,内阁会议决定了该法案。对此,有富庆二社长在记者会上批判道:"该法案的实质目的是'将民营企业国营化'。"并明确宣布"YAMATO运输公司不会参与"。我认为这是明智的判断。因为他没有碍于"要给小泉首相面子"的人情束缚,而是本着道理行事。

此外,总务省和邮政利益集团抛出的另一个冠冕堂皇的理由是"若民企随便入场,则会危害国民的秘密隐私权"。可其实无论哪种职业和行业,都有"保守客户秘密"的义务。关于这一点,看看医生和律师便知。所以说,反而是民营企业更会重视和遵守"保守客户秘密"的义务。因为一旦失去顾客的信赖,企业就会倒闭。

不仅如此,总务省还隐瞒了一个业内公开的秘密——早在《信件邮便法案》出台之前,其实就已经有民企在从事信件的递送业务了。比如以"红色卡车"而为人熟知的日本邮便递送公司等。日本邮便递送公司作为"总务省派系"的企业（译者注：这类企业的领导或高层往往是总务省出身的官僚，"退位下海"后依然在旧部拥有关系和人脉，因此这类企业的主要客户往往是总务省或其分管部门），其受总务省委托，基于《货物汽车运送事业法》，从事着信件的递送业务。由此亦可见，所谓《信件邮便法案》实在是多此一举。

总务省和邮政利益集团还说"民企无法提供覆盖全国的统一服务"，可正如前述，宅急便已然建起了覆盖日本全国的服务网，甚至包括远离本土的岛屿。其实说到底，总务省和邮政利益集团之所以如此从中作梗，设置重重壁垒，是因为他们对自家计划在2003年4月设立的"日本邮政公社"缺乏信心，认为其难以在与民营企业的竞争中胜出。换言之，因为害怕输，所以竭力避免与对手同台竞技。这样的做法实在有失公允。日本的邮政局已有130余年的历史，且具备依靠公款建立的收集和递送网络。可即便有如此优势，却听不到相关负责人"才不会输给民企"之类的豪言壮语，可见这帮人普遍缺乏勇气和魄力。

小泉首相志在推动邮政开放政策，却错在了起跑线上。在我看来，对于邮政关联法案所存在的问题，其实小泉首相自身亦有察觉。因为早在2000年1月，他便将自己与他人合著的《邮政民营化论》（译者注：《邮政民营化论》一书由小泉纯一郎和松泽成文共同编著）用宅急便寄到了当时邮政省的干部手里。

据说寄出的书中附有小泉首相的文书，文书中写道——"看到这张写有字的纸，想必你们邮政局会认定其为信件，并由此认为YAMATO运输公司投递它属于违规行为。可希望你们想想，在传真和电子邮件已然普及的现代社会，这种不合常理的判断还行得通吗？"

话虽如此，但拥有"信件定义解释权"的依然是那些人，虽然衙门名字从邮政省更名为总务省，但本质上换汤不换药。其实关于"何为信件""何非信件"，很难划出一条"严密分黑白"的界线，可总务省仍然一意孤行，宣称"直邮广告原则上也属于信件"。据我推测，小泉首相当时搞不好是听了谁的馊主意，才会被带入《信件邮便法案》这个坑里。

而以《信件邮便法案》为基础的邮政关联法案在7月得以通过。尤其是那些特定邮政局（译者注：在实现邮政民营化之前，日本的邮政局分为"普通邮政局"和"特定邮政局"等。而这样的分类，又源自日本政府更早期的"邮政局等级划分制度"。而到了1941年，该等级制度废止，大部分的"三等邮政局"便归为"特定邮政局"）的局长们，为了拼死保住自己的位子和利益，他们明明身为国家公务员，却在选举活动中公开支持自民党。而政府最终采纳了他们的意见，于是对全国的邮政局数量不予削减，即所谓"维持现状"。可若从长远来看，一定程度的精简和集约势必能提升效率。如此短视的做法，必然令他们未来后悔不已。这般费心地作茧自缚，也真是辛苦他们了。

从"何为道路"开始讨论

在小泉内阁执政期内,除了邮政改革,另一个重大课题是"特殊法人机构改革"。而道路公团便属于这类机构。对于道路公团的改革,当时我参与其中。但如今回顾自己的做法,其实有后悔之处。

我们 YAMATO 运输公司属于"道路使用方",而作为经营者的我,当时在建设省(如今的国土交通省)下属的"道路审议会"上阐述了自己的意见。当时本着"促进偏远地区公路整备"的想法,我对"统一联营制度"表示赞成。可哪里知道,这竟然成了日后道路公团迈向破产解体的导火索。因此对于自己当时的决定,我感到惭愧难当。

这件事情最早要追溯到1974年,当时我初次被任命为道路审议会的委员。这承蒙我东京大学的恩师——今野源八郎教授的举荐。从那之后,我担任委员一职多年。

有一次,审议会向我征求"对于高速公路使用现状的意见"。当时,货运公司的车辆即便跑高速,往往也是跑短途居多。而纵观当时高速公路上的大卡车，会发现多为沙土车和空车。换言之，高速公路并未被广泛运用于"高附加值货运"。许多货运公司让自家卡车上收费的高速，往往是为了"提升车辆周转率"。也正因为如此，所以跑短途的较多。

如今，日本的高速公路网可谓四通八达、横贯全国，这在当时是无法想象的。而这种高速基建的扩大，其实就是采用"统一联营制度"的后果。

当年的高速基建，采用的还是"各条道路独立核算制"。该制度规定，修建一条高速的贷款一般要在30年内还清，之后便不再收费，对公众免费开放。可如此一来，那些预计无法按期偿还贷款的偏远地区的高速公路，便永远无法得以开工建设。为了解决该问题，便有了统一联营制度，即把日本全国的高速公路视为"一整条道路"，从而实施"全国联营"。

当时，我也认为像公路建设这样的工程需要互助精神。如果按照"各条道路独立核算制"，那么北海道的人就永远无法享受到高速公路带来的便利。我觉得这样不行，因此认为统一联营制度也是必要的无奈之举。

可统一联营制度就等于"一本笼统账"，其成为导致道路公团经营状况恶化的元凶。那些被称为"技官"的道路公团基建技术负责人为了满足自己对技术的追求，总是倾向于建造过于高规格的公路。这种太过追求技术目标的心态，使他们忽视了成本问题。

此外，需求预测方面的误判亦是致命性的失败。这一切导致分管道路事务的4大公团背负了总计约40兆日元的债务。到了这个地步，似乎只能和当年处理"旧国铁"那样，设立"清算事业小组"，拿纳税人的钱来填坑了。而更令人头痛的是，相关政府机关也好，各公团也好，都不承认自己"存在计划和政策性错误"。

要知道，在商人的世界，这种放任错误的行为是不被允许的。一旦预测出错，商品滞销，倘若抱着这样的不良库存不放，诸如仓库费用和贷款利息之类的"负面经费"就会日益增加，因此"适时割肉"非常重要。这需要决策者的魄力。而反观国企和公团，面对失败，他们的态度是"不承认、不道歉"，采取"鸵鸟政策"，继续执着于老计划。

这样真的有利于国民吗？在我看来，高速公路只是日本全国总计约120万千米公路网的一个组成部分而已。比起造1万千米的高速公路，不如优化5.4万千米的普通国道，把它们拓宽为双向四车道。因为后者更为便民。

记得有一次，我去冈山县津山市出差，事情办完后，我驱车前往冈山机场，走的是国道53号线。当时有一辆巴士一直挡在我前面，愣是不让我超车。害我差点儿错过当天最后一班航班。这件事使我认识到了拓宽国道的重要性。在道路审议会上，我也提出了该意见，可却未被采纳。当时的道路局局长对我说道："小仓先生你的意见很中肯，可拓宽既有国道反而更费钱。"我对此无法理解，比起从零建设高速公路，拓宽既有国道肯定更省钱才对。

在对道路公团改革反复思考后，我认为应该回归原点，讨论"何为道路""谁的道路"的根本性问题。

归根结底，道路是国家所建、为民所用的基础设施。其包括供行人步行的道路，供汽车货运或单纯兜风的公路等。而不管哪种道路，都是全体国民皆可使用的公共财产。按理来说，它们本应由国家用税金建设，对国民免费开放才对。

在日本，道路收费始于战后，其依据是战后制定的《道路整备紧急措施法》。当时，美国的访日调查团有句名言："日本有的是修建道路的计划，可缺的是路。"作为战败国的日本，当时缺乏基建资金。而靠当时的税金，也的确无法造出"国民将来所需的道路"。鉴于此，政府才出台了偿还制度，即通过向道路使用者收费，来按揭支付建设资金贷款。

可如今日本经济发展，道路网四通八达，当年的"紧急措施"还有必要吗？在我看来，是到回归原点的时候了。

此外，对于高速公路的"迷信"也应破除。即摒弃"唯高速论"，转换思想，把道路视为一张综合网络。要知道，仅凭高速公路，是无法让我们抵达目的地的。国道、省道，乃至市町村道等的"组合使用"，才是我们日常行车的真实场景。由此可见，一味关注"高速公路"这样的干线，却轻视其他支线，是多么可笑的做法。

而哪怕光讲干线，也并非只有高速公路这一种。作为干线的普通国道，其整备工程可谓当务之急。从全国的视角来看，日本的道路网仍不够完善。直至今日，实现双向四车道的普通国道，仍然只占总体的10%左右。难以超车的双向单车道，没有中央分离带的车道……在我看来，这些都称不上是现代化的道路。

而各地居民在提出诉求时，比起建高速，也更应优先要求"拓宽国道"。毕竟比起"技官"基于自我满足修建高速公路，拓宽国道不但成本更低，带给国民的便利也更大。在我看来，哪怕为了推进地方分权，也应将普通国道的运管权下放至各都道府县首长的手中。

第十七章 就任会长,深入基层

制定"社长引退"规章

虽然屡遭官僚刁难,但我们"YAMATO黑猫"依然在"动物大战"中胜出。1984年,宅急便的年度收件数已然突破1.5亿件,终于超越了国营的"邮政小包裹"。民营也有战胜国营的一天,这令我感慨颇深。

而纵观我们公司的业绩,亦是连续的"增收增益"。1988年度的营业额突破了3000亿日元大关,日常利润(营业利润+营业外利润)突破了100亿日元大关。当年,我以背水一战的决心,启动了宅急便服务。幸运的是,这种"豁出命"的举动,最终没有把父亲建立的基业毁于一旦。正相反,如今的YAMATO运输公司,已是行业内的龙头企业。

在我担任社长的后期,是我因公司业绩良好而信心十足的时期。而在那时,我已经开始考虑制定"社长引退"规章了。当时有不少企业的社长都是大权独揽且迟迟不退,搞得公司干部和员工们甚为犯愁。而我的父亲也类似,社长当到了81岁。我自己无意久居社长之位,但为了避免YAMATO运输公司将来的社长里出一个执着权力的"老害",搞得公司"大厦将倾"就不好了。鉴于此,我觉得自己有责任在精力还旺盛时定下规章,于是向董事会提出了与"社长退休时间"相关的内部规章制定建议。

结果董事会全员赞成。那么问题来了,究竟该定几岁退休呢?我当时内心觉得65岁比较合适,但表面上为了抛砖引玉地试探一下,我便问他们"63岁退休如何?"。因为我预料他们会说"63岁太早了点儿",然后我便可顺坡下驴,提65岁了。可没想到,董事会成员都默不作声,没人对"63岁"提出修正意见。我心中暗叫不妙,无奈话已出口,为时已晚。

宣布"社长接班"的记者会现场。摄于1987年,照片左边为就任YAMATO运输公司第三任社长的都筑干彦先生。

于是乎，我便成了自己制定的"社长引退"规章的首个"被执行对象"。1987年6月，我辞去社长之位，转任公司会长。我的出生月份是12月，因此当时还是62岁。而继任社长（即YAMATO运输公司第三任社长）是都筑幹彦专务。

巡视基层

由于转任了会长,公司的日常经营事务便由都筑君负责,而我则决定去巡视一下基层。我这人崇尚"现场主义",认为领导必须深入实地、关注基层。无奈当社长时事务繁忙,抽不开身,当了会长后,就有时间做这件事了。我尤其对人口密度较低的地区感兴趣,想弄清宅急便配送网络在这些地区的拓展情况。

由于是民营企业,对于配送费时费力、盈利价值低下的地区,大可不提供服务。曾经有一段时间,我自己也犹豫过,不知道是否应该将配送网络覆盖至偏远地区,但最后还是决心这么做。因为我不甘心被国民鄙视,不想被他们说"民营企业终究和国家的邮政局不同,只知道赚钱的这些家伙靠不住"。

再说回巡视基层的事儿,当时我选择了北海道作为巡视地。因为北海道的面积是日本东北6县加起来的1.3倍,可人口却比埼玉县还少,可谓典型的人口低密度地区。

不过当时有一个现实问题,那就是我妻子玲子常年患有心绞痛，所以我无法留她独自在家。于是我向董事会和工会说明了该情况，而他们也表示了理解，同意玲子与我同行。在巡视过程中，当我因工作事务而无法陪她时，她便独自去看风景，或拜访当地友人。

在巡视我们公司在北海道各地营业所的过程中，我渐渐明白"人口密度低≠盈利价值低"。北海道路况较好，红绿灯少，对货运效率而言，这些都属于优势。而且那里既没有首都等大城市的交通拥堵，也没有激烈的同行竞争，只要在货物送达的目的地（多为大城市）的"积载率优化"等方面下功夫就可以。如此看来，配送网络越是覆盖到位，其实对业务就越有利。此外，"全国各地，皆可送达"的宣传口号，也成了我们YAMATO运输公司响当当的招牌。

妻子玲子的去世

我担任公司会长的 4 年时光是快乐的，可最后却迎来了悲伤。1991 年 4 月 7 日，我的妻子玲子因心脏病发作而突然去世。

在病发之前，她的身体状况看起来很好，因此噩耗到来，我很受打击。不过好在之前与她一同在北海道度过了美好的时光，想必她也感到幸福。

玲子有一句话令我至今难忘，她曾对我说："多亏了你搞出宅急便，真的给大家的生活带来了便利。要是我有资格，一定会给你颁发'国民荣誉奖'。"

玲子生前敬爱特蕾莎修女［译者注：特蕾莎修女（1910—1997），世界著名的天主教慈善工作者，其一生致力于消除贫困，于 1979 年获得诺贝尔和平奖］，且热爱自己的家乡。为了遵循她的遗志，在她死后，我向静冈县蒲原町捐献了 1 亿日元的福利基金。

第十八章　离开 YAMATO 运输公司

对管理人员，应考核"人品"

1991年，我辞去了会长之职，转任公司的顾问董事。之所以这么做，是因为我打算渐渐不再插手和过问YAMATO运输公司的经营事务。可当时工会告知我的一个重大情况，令我无法坐视不管。

据工会透露，在公司的营业所长等基层干部中，存在对总部瞒报车辆剐擦相撞、货物损毁遗失等事故的情况，且这样的违规行为有增加的趋势。经调查，发现工会所言不虚。而不少基层干部之所以这么做，想必是因为害怕影响到上级对自己的考核评价。

组织规模变大，根子里就易滋生腐败。倘若坐视不管，公司根基便有动摇之虞。我对此极为恐惧，于是在1993年6月，我宣布重回会长之位，为期两年，旨在对公司内的不正之风进行整顿。

当年我辞去社长一职，转任会长时，有媒体说我"搞不好是想当太上皇，弄老人干政那一套"。对此，我当时坚决否认。正因为有这么一出，所以在宣布重回会长之位时，我的确感到有点儿难为情。但难为情归难为情，公司当时的确需要重拾伦理和规矩。

对于瞒报撒谎的那些基层干部，我首先予以降职等处分。但与此同时，我也认识到，对管理人员，应将其"人品"作为考核评价的基准。"凡事看结果"的评价方针理论上是没错，但实际测定起来却很难。比如，某个时期业绩提升了，但这究竟是现任的功绩呢？还是"前任栽树现任乘凉"呢？要百分百搞清这个问题，其实近乎不可能。既然如此，那不如重视诸如"为人诚实""关爱下属"等关乎管理人员人品和人格方面的特质。而且这样的考评标准一旦扎根于企业文化，真诚待客的员工势必会增加。

YAMATO 运输公司工会成立 40 周年庆典现场，摄于 1986 年。

辞去公司一切相关职务

约定的两年会长任期结束后，我在犹豫要不要保留自己在董事会的位置。一开始我倾向于保留，为的是日后一旦公司再出现什么非常状况，我还有在董事会发言的权力，可另一方面，有件事亦浮现在我的脑海。

那是在宫内宏二君（接替都筑幹彦君的社长）担任公司社长时的事。当时宫内君刚完成社长的第一届任期，我对他说："你干得很不错，不过在指挥帷幄时，可以再自信点儿。"结果他的回应完全出乎我的意料，他当时问我道："您知道董事会的人在看谁的脸色行事吗？"

我答道："当然是看你这个社长了。"他说："非也。您难道没察觉吗？大家都在看您的脸色行事啊。"

此话可谓一语惊醒梦中人，由于一些董事会成员在董事局会议上一言不发，我之前还对他们感到不满，可真相竟然是这样。我自认为自己对公司一直在做全力且无私的奉献，可没想到实际上自己却成了阻碍公司发展的负面因素。这件事对我冲击很大，宫内君的上述话语，屡屡在我耳畔回响,所以我最终决定彻底放手。

于是在 1995 年 6 月,我辞去了 YAMATO 运输公司的一切相关职务。毕竟该做的我都做了,可以说了无遗憾了。

爵士、义太夫①、俳句

至此,我在 YAMATO 运输公司的奋斗历程可谓画上了句号,所以接下来我想谈谈自己生活中的兴趣爱好。前面也提过,在就读东高时,我常听古典音乐。后来入职父亲的大和运输公司后不久,我便患上了肺结核,不得不进行长期疗养。而在那段时期,爵士乐给了我莫大的抚慰。当时生活中的唯一乐趣,便是收听枕边收音机的 NHK 音乐广播节目。该节目内容丰富,令人百听不腻。

而在该节目所介绍的各类音乐中,发祥于新奥尔良的迪克西兰爵士乐(Dixieland Jazz)给了我直击灵魂的感动。我尤其喜欢路易斯·阿姆斯特朗(Louis Armstrong)(译者注:爵士乐坛巨匠),他的小号演奏和沙哑磁性的嗓音,都深深打动了我。当年他来日本公演时,还在家中养病的我偷偷溜出门,去看了他的演出。在我收藏的一堆唱片中,

---

① 译者注:全称为"义太夫节",起源于江户时代前期,是由大阪的竹本义太夫创始的一种基于说话唱词的曲艺派别,现属于日本的非物质文化遗产。

最"宝藏级"的一张便是他的 *Tight Like This*。在我看来，这是他的最高杰作。而且该唱片的录制日期是1928年12月12日，和我的生日（12月13日）就差了一天，这点也令我印象深刻。

此外，我也喜欢白人的爵士歌曲，尤其令我印象深刻的是班尼·古德曼（Benny·Goodman）（译者注：单簧管演奏家，爵士乐音乐家）在卡内基音乐厅（Carnegie Hall）的现场录音专辑。1961年，我去美国考察旅游时，趁有空去当地唱片店转悠，结果发现了班尼·古德曼的那张在卡内基音乐厅的现场录音专辑。当时我一眼就认出了这张专辑的唱片封面，于是立马购入。那种惊喜之情，令我至今难忘。

后来，我的"兴趣爱好清单"里又添加了日本传统音乐和俳句。记得还在当社长的时候，我有一次参加中央区的工商协会支部联欢会，大家酒过三巡，便到了"各自露一手，助助兴"的环节。而我也在周围人的要求下，唱了段短歌。我父亲是短歌爱好者，生前经常去三越剧场举办的"名人会"等场合表演。多亏了从小的耳濡目染，在上述联欢会中我还能勉强展示"三脚猫"的短歌歌艺，不过毫无流派可言，只是凭自己感觉唱，所以挺难为情的。当时我说"有机会想好好学（短歌）"，于是同席的职业艺术家建议道："既然要学，那干脆学习完整的唱段。"就这样，我决定学习义太夫。

我找到新桥的一位艺术家小定大师,请其收我为弟子,每周去学习一次,结果渐渐迷上了义太夫。半年后,我又参加工商协会的聚会,于是趁机展露了自己拜师学艺的成果。待我一段唱罢,半年前碰到的那位职业艺术家拿出手帕擦眼泪。我觉得这证明自己的练习出了成果,于是得意地问她:"如何?我唱得可以了吧?"结果她说:"你的演唱让我想起了自己死去的父亲,他生前也喜欢义太夫,还经常唱,不过唱得很差。"

但我并未因此而气馁,之后仍一直坚持学习义太夫。银座有名为"KURAMA会"的同好会,一群爷们儿聚在一起,切磋日本传统音乐技艺。作为会员,每年还要参加一次位于新桥演舞场的汇报演出。

也多亏了对日本传统音乐的爱好,让我得以走近自己所尊敬的大前辈——稻山嘉宽先生[译者注:稻山嘉宽(1904—1987),日本知名企业家、工商界人士、新日本制铁所会长]。当时有个名为"三叶会"的常磐津(译者注:义太夫+三味线伴奏所构成的一种艺术表演形式)同好会,其活动场所是柳桥的高级饭庄。在参加三叶会的活动时,我有幸与稻山先生同席。他身为经团联会长,可谓事务繁忙,却依然坚持经常出席三叶会的活动。席间,他会认真倾听每名会员的常磐津表演,而在表演结束后,他都会给予表扬、鼓励和建言。对我也是，在表演结束后，他对我说："常磐津是一种全方位的表演形式，你的眼睛要有戏在里面。"

除了三叶会的其他宴会场合，承蒙稻山先生的邀请，与我结伴出席的妻子也与他见过几面，结果立马被他豪爽大气的性格所折服。所以后来每次我去参加三叶会的活动时，她会破例地允许我"慢慢喝到半夜再回来"。

稻山先生的魅力之处，在于他对待任何人都平等亲切、温柔体谅的性格，且从不扬威自傲。商界人士自不必说，包括艺术家、酒店女招待，甚至是高尔夫球场的球

同好会上的常磐津汇报演出。照片右边为被誉为"人中国宝"的艺术家常磐津英寿先生。

童，都是他的拥趸群体。一众年轻艺术家称他为"稻山叔"，我觉得该爱称恰如其分。我还听说，稻山先生在打高尔夫球时，球童甚至会向神龛许愿——"请保佑稻山先生那组赢"。

此外，稻山先生在商界被誉为"同业联合长"，经常参与企业之间的调停工作。虽然他的企业经营观与我不同，但我对他的尊敬之情，已然超越了这种"纠结观点相异"的层次。直至今日，他依然是我追逐的榜样，心中的憧憬。

再说说我的另一大爱好——俳句，我加入了名为"鹰"的俳句社团，并师从藤田湘子老师［译者注：藤田湘子（1926—2005），神奈川县出身的著名俳句男诗人，俳句杂志《鹰》的创刊人，原名藤田良久，"湘子"是其笔名］。作为日本传统诗歌的一种，俳句由"5-7-5"音节的3句共17个音节构成，并要求诗中一定要用一个能体现季节感的词，这个词被称为"季语"。作为"用脑的知性游戏"，我觉得俳句很有意思。虽然我水平不高，但斗胆在此献丑几句。

浮云渐遥远，带起秋风皆无色，鄂霍次克海。

子规初夏来，忽又突然落静寂，乃是旅途终。

转眼又四季，一切全凭神眷顾，除夕至今夕。

第十九章 对福利事业实施『经营改革』

自掏腰包，设立财团

在放手 YAMATO 运输公司的企业经营事务后，我该干点儿什么呢？经过思考，我决定反哺社会，从事福利事业。于是在 1993 年 9 月，我设立了"YAMATO 福祉财团"，并出任理事长。在该财团设立初期，我还兼任着 YAMATO 运输公司的会长。而在 1995 年彻底放权退出后，我便专任财团理事长一职了。我设立该财团的目的，旨在帮助身心残障人士"自立自足""融入社会"。

而之所以这么做，并非由于我身边有残障人士，也并非出于什么特殊动机，我只是单纯同情他们的境遇——不少残障人士生来残疾，这责任完全不在他们，可他们却要承受这种不幸。

总之，既然目的已定，那就放手去干。当时我持有 300 万股 YAMATO 运输公司的股份，于是我把其中的 200 万股捐给了 YAMATO 福祉财团，作为其基础资金。按照当时的市值，这 200 万股价值 24 亿日元左右。前面提到，由于辞去了在 YAMATO 运输公司的一切职务，因此我没有了固定收入，所以自己留了100万股，打算靠股份红利过日子。

2001年1月，我把这剩下的100万股（当时市值约为22亿日元）也捐了，因为当时即便不靠股份红利，自己也能维持生活了。至于其背后缘由，则与家庭变化相关。

1991年妻子去世后，我便与女儿一家住在一起。我女儿名叫真理，高中毕业后，她加入了一直憧憬的宝冢歌剧团，以"雪组成员"（译者注：宝冢歌剧团的第3个组。1921年，宝冢歌剧团分为两组，即"花组"与"月组"。到了1924年，又分割为"花组""月组"与"雪组"）的身份，活跃于舞台。退团后，她决定结婚，结婚对象是一位美国得州的黑人，名叫唐纳·唐尼。在我看来，两个人过日子，文化的差异可谓巨大的鸿沟，因此我当时表示反对，可她完全不听，坚决地与唐纳结了婚，还诞下了4个孩子。

此外，对于没能上大学，真理她一直感到遗憾，后来得知日本有成人大学制度后，她便就读了青山学院大学，接受那里的夜校课程教育。当时我正打算用退休金买新房，于是选了距离青山学院和外孙的小学比较近（都在步行范围内）的一块青山的地，盖了一栋独门独院的房子，让女儿一家来与我同住。

可到了2000年夏天，女儿和女婿出于对子女教育问题的考量，决定举家搬去美国洛杉矶。而我一个人住青山的这栋房子实在太大，于是我把它租给了一家外资公司，自己则去租了一间公寓房住。这样一来，光靠租房收入和我支付的公寓房租之间的差额，就足够我生活了。

再谈谈我的儿子吧。我的儿子名叫康嗣，如今是YAMATO运输公司的干部，可这并非出于我的安排，且他本人当初也说"不愿进YAMATO运输公司"。1984年，毕业于庆应义塾大学的他，立志从事与媒体相关的工作，于是入职了"大日本印刷公司"。

可大日本印刷公司的工作似乎相当繁忙和艰苦。出版涉及策划、原稿执笔、校对等各个环节，一旦其中某个环节迟滞，其影响就会集中波及执行最后一道工序的印刷公司。尤其是付印之前的校对作业，往往一改再改，导致康嗣常常半夜一两点才能下班回到家。

在我看来，年轻时吃点苦、受点累未必是坏事，可他家里人就够呛了。有一次，由于工作认真负责，康嗣被公司授予了"社长奖"。可当他拿着奖状回到家后，他妻子却大怒道："连自己的家都照顾不到，还好意思拿奖！"并把奖状撕得粉碎。而时任YAMATO运输公司社长的都筑君和工会干部们得知此事后，便劝康嗣"过来任职"。于是在5年后，他加入了YAMATO运输公司。

我对"世袭制"持否定态度，所以也没想过让康嗣继承公司。当然，世袭制也有好的一面——如果让自己子女很早就明白"将来要继任社长之位"，其就会提前做好"担负重任"的准备，这是"打工上位的社长"所不具备的特质。但正所谓"舐犊情深"，对自己子女盲目的爱，会导致不顾子女自身客观条件，让其"硬上位"的情况发生。类似的失败案例屡见不鲜。换言之，如果自己的子女真有实力，则成为社长必然是水到渠成。就拿我这个"二代"来说，我觉得自己是靠自身实力成为社长的。

"月薪1万日元",问题出在经营上

再说回福利事业。我们 YAMATO 福祉财团首先开展的是扶助活动。而在扶助活动中,最先启动的项目是奖学金——对于残障的大学生,给予每月5万日元的补助,每年共计60万日元,补助期为4年。接受补助的学生将来不必偿还。截至2001年4月,我们一共补助了30名学生。

然后是扶助福利设施,年度相关扶助预算约为4700万日元。扶助对象主要是"共同作业所"。所谓共同作业所,即残障者父母传授子女劳动工作技能,使其能够赚取收入的地方。而我们财团的资金扶助行为,旨在改善这些共同作业所的作业环境。由于申请者众多,因此对于每个申请扶助的作业所,我们提供的资金不超过100万日元,但对小规模的作业所而言,也是一笔令人欣喜的款项了。

在日本,未获厚生劳动省认可的上述作业所超过5000个,但其中大多设备匮乏、作业附加值低。若获厚生劳动省的认可,便能取得"设施费"和"职员薪金"之类的财政补助,但未获认可的作业所几乎享受不到这一切相关待遇。也正因为如此，我们财团才决定"雪中送炭"。

我们财团从事福利事业的总预算约为1.5亿日元，但"低利息"是个令人头痛的现实问题。财团的赢利手段是"自有基金的运作"，但考虑到安全和稳定，主流手段是投资国债，无奈国债的收益率只有1%左右，这导致大部分财团的运营状况捉襟见肘。

面对该状况，YAMATO运输公司的工会同人们再次伸出援手。公司每年夏天发奖金时，工会就会开展募捐活动，然后把员工们捐的钱给我们财团。虽然每人平均捐1000日元，但工会员工多达4万人，所以每次捐款的合计额度较为可观。除了捐给我们财团外，从很早以前起，工会就有定期捐款给"交通事故遗孤救助基金"的惯例，因此我们财团拿到的捐款数其实是总额的一半。即便如此，也是不小的数目，我对此心怀感激。

而YAMATO运输公司也对我们的财团给予了积极帮助，包括出资和派遣员工支援等。在我彻底退任的1995年，公司制定了名为"企业态度"的内部指导思想文件，其第1条便是"YAMATO运输公司应服务所在地域和社区，开展受到群众广泛信赖的业务活动，同时旨在实现残障人士的自立自足，为他们提供相关帮助"。

而以1996年为契机，我弄清了福利事业的"第一线实情"，并发现亟须对其开展"经营改革"。这要从1995

年1月17日发生的阪神大地震说起，当时该地震灾害导致日本全国37个共同作业所被破坏或烧毁。鉴于受灾重建的不易，我们财团当时出资，向全国作业所加盟组织"共作联"（旧称为"共同作业所全国联络会"）捐献了300万日元。通过此举，我与不少从事福利事业的人士结缘。

次年（1996年）2月，我拜托共作联的藤井克德常务理事，让我参观了位于东京都的府中市和小平市的福利设施。当时的行程安排很密，一天参观了7处设施。

记得当时午间参观的是一所护养学校，只见看护员抱着残障幼儿，用勺子一口口地给其喂饭。连我这个旁观者，都能体会到该工作的辛苦。接着参观了几个共同作业所，而那些作业所给我的印象皆是"狭小"、"脏污"和"昏暗"。

至于作业所中的残障人士所从事的作业，皆无外乎"给产品目录配页""缝制抹布"之类。我问作业所的运营人员"（从事作业的）残障人士月薪有多少"，结果听到的数字皆不高于1万日元，甚至还有回答"1000日元""2000日元"。我除了震惊，还感到愤慨。

经过多方询问，我发现问题似乎出在"工作内容"上。正如前述，大部分作业所提供的工作都属于"低附加值作业"，除了上面提到的"配页"和"缝布"外，还有"捡空罐踩扁后当废品卖""把废弃的牛奶纸盒切开后再利用""用炸过天妇罗的废油制肥皂"等作业。它们美其名曰"循环再生事业",但依靠这种微利的业务,必然无法支付"正常额度"的工资。

我问"为何从事循环再生事业",结果大多回答"因为其他作业所也在干这个"。换言之,因为不知道自己该做什么,所以只能模仿别家,而这样势必行不通。直觉告诉我,这并非单纯的"福利事业问题",而是"企业经营问题"。

以从事福利事业的人士为对象,在研讨会上演讲的作者。摄于2001年。

如果只是福利事业方面的课题,那自然轮不到我这个"菜鸟"出马,可既然事关经营,那就有我发挥作用的空间了。虽然前途多舛,但我斗志昂扬,因此下定决心,启动"赋能研讨会",旨在让从事福利事业的人士学习如何经营。

第二十章 开面包店

走遍全国，举办经营研讨会

1996年8月，以从事福利事业的人士为对象，我开始举办研讨会。每次研讨会限定30名左右的参加者，参加者为福利设施的负责人或职员等，每次研讨会为期三日两晚，主要传授企业经营的基础知识等。每年召开多次，遍及日本全国十多处地区。

参加研讨会的交通费和住宿费都由我们财团负担，为了让参加者打起精神，晚餐时还会向他们免费提供啤酒和威士忌等。这种"免费参加住宿还提供酒水"的研讨会，的确是世间难得的好事儿。我之所以这么做，完全是为了从事福利事业的人士们着想。不过这番好心，有时也反而让人心生警惕。

记得有一次在冲绳举办研讨会。在各地举办研讨会时，原则上我都会选择当地的中心区域。由于冲绳较远，之前对于冲绳的参加者，我都是请他们去九州会场参加的。不过那一次考虑到冲绳的众多作业所人员的便利，于是租用了宜野湾市（译者注：位于冲绳中南部的城市）的一处会场,作为研讨会举办地。

到了研讨会当天,眼看既定的开会时间都到了,可参加者却寥寥。只见一帮似乎是从事福利事业的人,他们站在会场门口,不断朝里面张望,却迟迟不进来。其中有一人小心翼翼地问我:"这里真的是在举办福利事业研讨会吗?"我回答:"是的啊。"于是她对我说:"其实早上出门来参加研讨会时,我老公叫我小心点。"

原来,她丈夫认为"天下没有免费的午餐",这种完全免费的研讨会,肯定是推销什么昂贵商品的"套路",于是忠告妻子"贸然进会场参加的话,搞不好会被强加'推销任务',所以搞清情况后再进去"。类似想法的人不少,怪不得大家都在会场门口犹豫观望,不敢进来。

福利事业的"常识",经济领域的"荒唐"

再说回研讨会本身,在研讨会的演讲中,我首先会阐述自己对福利事业的基本看法。尤其对于"月薪1万日元"的现状,我会再三批评和强调——"被我这个门外汉说,各位备受打击吧""如果不甘心,那就想办法给残障人士10万日元的月薪""福利事业的所谓'常识',在经商者看来,实在是'荒唐'"……之所以故意措辞如此辛辣,为的是促使这些从事福利事业的人士转变意识。

长年从事福利事业的人士,有不少形成了"谈赚钱不体面"的思维定式。就像他们经常挂在嘴边的"福利就业"之类的行话那样,其中包含了"将残障人士低薪正当化"的心理。而在我看来,这不合道理。残障人士也好,健全人士也好,都有自己赚钱养活自己,享受兴趣爱好和快乐购物的权利,这才是"自立自足"。而唯有自立自足,才有融入社会、参与社会活动的可能。该难道不是显而易见的道理吗?我这个人在思考问题时,就喜欢这么单刀直入、简单明了。

有人会说"残障人士工作能力偏低",而这其实也是陈旧的固有观念。就拿YAMATO运输公司来说,把全国各营业所的代码编号记得最清楚的,反而是一名患有自闭症的员工。每个人都有自己擅长和不擅长的东西,作为一个组织,应该让所属成员发挥各自长处,相互弥补短处。不管是对企业还是福利设施而言,这点都是共通的。

此外,有的人出于对残障人士的怜悯,从而生出"必须监护和保护他们"的想法。而在我看来,这也欠妥。有的残障人士的父母说"希望自己能尽量活得久,这样就能多照顾子女一些"。可这样的照顾终有限度,哪一天作为"残障人士监护人"的父母离世了,其子女又该怎么办呢?所以说,还是要让残障人士自立自足,自己赚钱养活自己。

工作是辛苦的,正因为有苦,所以才有乐。如果一味监护和保护残障人士,就会抹杀他们"希望工作"的意欲。而在我看来,不应该剥夺他们工作劳动的喜悦。即便福利设施建得再好,残障人士也不会真的快乐。数年前,我去过札幌的"残障人士日常护养中心"(Daycare Centre)参观,其中的残障人士代表对我说:"这里的硬件设施很好,这的确令我们高兴,但我们最想的是参加工作。请您教教我们,怎样才能得到工作机会?"

再想想我们这些健全人士,其实大家的心态都是一样的。周日之所以让人期待,是因为一周只有一天是周日。

在研讨会上,我经常会问参加者——"请大家想象一下,假如一周七天,天天是周日,大家会觉得快乐吗?认为快乐的请举手"。自不必说,没人举手。不少公司职员退休后感到寂寞,因为自己明明还想工作,却不得不从岗位上退下来。再看许多残障人士,他们压根儿就没工作过,等于一开始就失去了工作机会,失去了品尝工作喜悦的权利。放大来说,这等于剥夺了他们的人生价值。

那么残障人士应该在哪里工作呢?我认为,最为理想的是"在普通企业,与健全人士一起工作"。按照日本的

作者在 YAMATO 福祉财团举办的经营研讨会上发言。摄于 2000 年。

法定雇用率规定，企业有义务雇用残障人士，且雇用人数必须满足一定的达标比率。目前日本规定的达标比率为1.8%。与德国规定的5%相比，日本依然落后。而更为严重的问题是"残障人士实际雇用率的低下"。就拿2001年来说，日本的残障人士实际雇用率止于1.49%。这等于是"有法不依"。究其原因，则是配套惩罚的不到位。根据当下规定，当企业对残障人士的雇用率不达标时，按照不足的人头数，每人每月缴纳5万日元的罚款即可。而这部分罚款会给予积极雇用残障人士的"标兵企业"，作为其补贴。即所谓"大棒与面包齐用"的制度。

但我对该制度持否定态度。因为对多数企业经营者而言，区区"每人每月5万日元"的罚款，根本就是不痛不痒——"只要破点小财就能了事，比雇用残障人士轻松多了"。不仅如此，对于罚款的再分配，经手的居然不是厚生劳动省，而是名为"日本残障者雇用促进协会"的公益法人组织，这实属莫名其妙。一旦像这样有外部组织介入，罚款的一部分势必会"蒸发"。

说回正题，我认为，出台与法定雇用率相配套的严格惩罚规则，可谓势在必行。纵观其他法规，不管是道路限速规定还是政治资金限制，倘若相关的违规惩罚不到位，反而会使违规者得益。法定雇用率亦是如此，企业经营者一旦违规，大可把他们送进监狱。如此一来，各企业势必会遵守法定雇用率。

除了上述法律法规的问题外，要想让残障人士在普通企业工作，他们自身也要符合一定的条件。总体来说，该条件即"适应集体生活"。比如早上到公司后，要向同事和上司打招呼；对于公司晨会和其他各种会议，也要自觉出席……换言之，必须在集体生活中顺应集体的各种时间安排。对此不习惯的残障人士而言，要做到这点非常不易。而提供相关的"训练场所"，正是共同作业所等福利设施的使命所在。因此在研讨会上，我一直呼吁与会者们"要努力成为让残障人士走上普通企业岗位的桥梁"。

正如前述，作业所给予残障人士的月薪平均只有1万日元，所以不管到哪里，我都呼吁"要摆脱1万日元低工资的现状"。福利事业的目标，在于让残障人士自立。可月薪1万日元，又怎么能够自立？因此无论如何，都必须想办法打破该现状。

根据目前的国家政策，"社会福利法人"是政府认可的组织。具体来说，一个福利机构一旦获得了政府认证，并实现"法人化"，就不再是共同作业所那样的"野生公益组织"，从而能取得国家或各都道府县的预算拨款。这样的社会福利法人机构不但办公环境优越，且其中职员拿的是与公务员同标准的工资。可对于这样的社会福利法人机构，有一个真相着实令我震惊。前面数次提到，那些"野生"的共同作业所至多只能支付给残障人士1万日元的月薪。而社会福利法人既然是"被认可、有编制"的组织，那支付给残障人士的月薪，我觉得怎么也得两三万日元吧。可实际情况呢？照样是1万日元的程度。这实在让我不敢相信。不管所在大楼多好，办公环境多优秀，如果依然只能支付给残障人士1万日元的月薪，那一切都无意义。毕竟好的硬件只是手段，而非目的。

对于这样的批评，从事福利事业的人士往往会反驳道："我们实在付不出，又有什么办法？要是有能力，我们也想多给残障人士工资，10万日元也好，15万日元也好，可现实不允许。"对此，我的回答是"那拿出这样的能力不就行了"。在从事福利事业的人士看来，我这种门外汉的想法也许"缺乏常识"，但我实在觉得这种所谓"常识"太不合理。如果未能确立"旨在支付10万日元月薪"的经营机制，那么当然是付不出这样的工资的。

"收入−费用=利润"

在研讨会上,在向与会者表明我对当下福利事业的看法和意见后,我便会进入下一个话题——"如何增加残障人士的工资"。对此,我会解释道:"何为经营?其实很好理解,即'收入−费用=利润',简单又明了。"没错,收入−费用=利润,通过这个简单的算式,可以明白许多东西。

要支付的工资属于什么?属于经营活动中的费用支出。按照上述算式,是应该减去的项目。此外,诸如办公场地租用费、水电费等,也都属于要减去的费用支出。想象一下,到了月底,收房租和水电费的人上门来,如果对对方说:"这个月手头紧,能不能宽限到下个月?"能够行得通吗?所以说,所谓"费用支出",不是"有能力才付"的东西,而是"必须付出去"的东西。

在研讨会上,我还从与会者的角度出发,做了这样的情景假设。我对他们说:"从福利机构的经营会计角度来说,各位拿的工资,其实也属于费用支出。大家可以设身处地地想象一下，假如福利机构的总负责人对各位说'在能力允许的情况下，会支付各位的工资'，然后到了月底，总负责人又对各位说'这个月会计方面入不敷出，没有能力支付各位的工资'，那么各位会怎么做呢？想必会辞职走人吧，这是理所当然。"

不管是谁，只要付出了劳动，就有获得报酬的权利。而"最低工资制度"便是用来保障该权利的。虽然各地区的具体标准存在差异，但日本2001年度的各地最低时薪标准基本在600到700日元/小时。然而此标准却不适用于残障人士，这实在是岂有此理。在我看来，残障人士理应享有同样的劳动保障权益。按照最低工资制度的规定，"有能力付才付"的做法，已然属于违规行为。换作普通企业的健全人士员工，如果工资低于最低工资标准额度，人早就都跑光了。"残障人士不在最低工资制度的保护对象之列，而且也得不到什么其他的工作岗位，所以就可以如此对待他们"——如果这么想，那就大错特错了。于是在研讨会上，我提案道："各位暂且不管别的，先把10万日元工资付给残障人士再说。如果说一下子付10万日元的难度太大，那么先付3万日元。就在这个月发工资的日子，直接拿出3万日元，给各位所在作业所的每名残障人士。拿到这笔钱的残障人士肯定会笑得很开心。虽然这样会导致费用支出增加而出现赤字，但这也是没办法的事。毕竟各位的目标是福利事业,而非赚钱盈利。毕竟各位要的是残障人士的笑颜。哪怕零利润,努力就行了嘛。"

从前述的算式可知,利润只是"收入-费用"的结果,而非目的本身。我搞出的宅急便服务亦是如此。努力奋斗而得的利润,是结果,是奖励。有了利润,事业才能长久持续。可见,"确保利润"亦是保证事业永续的手段。总之,不可将"目的"和"手段"混淆。

然后我还告诉与会者们,费用包括"固定费用"和"变动费用"。前者与营业额无关,是必然会产生的费用。其包括基本工资支出、场地租金、水电费等。即便营业额不增加,办公和作业场地也要用电,员工们也要上厕所。与之相对,后者与营业额相关,包括材料费等,它们的增加与营业额的增幅成正比。

而纵观不少福利机构,基于"减少费用支出"的主旨,以"回收空罐"等业务起步,却忽视了"固定费用"的存在。倘若收入不增加,就填补不了固定费用的"坑",于是便无法创造利润。因此我建议与会者们先要考虑如何增加收入。

日本是市场经济国家,只要需求旺盛,相关商品和服务就能卖高价。关键在于"包括与会者在内的广大消费者是否感兴趣"。而许多福利设施举办的"义卖会",其实并非需求与供给相匹配的商业买卖行为,而只是"躺在慈善名义上睡大觉"的做法而已。

对此，我对与会者说道："依靠国家补助，依靠慈善捐助……各位总是在试图依靠什么。可看看民营企业，一旦破产，企业经营者的财产就会被没收，员工也会拿不到薪水，所以民营企业家们每天都在拼死拼活地努力。而这样的精神是最为可贵的。"

要在市场经济体制下存活，则必须提供消费者想要的商品或服务。至于消费者想要什么，这无法靠别人传授，唯有自己思考。而自己思考的点子一旦成功，收获的喜悦自然也格外强烈。

至于如何自己思考，我也给了与会者一些启示。比如谈及当下的"第三产业时代"趋势。我对他们说道："传统制造业兴旺的时代已然过去，这点从各位的家中就能看出来——各种家电齐备，不太需要购置什么大件了吧。除非市场推出一些格外稀罕的产品，不然购置家电等的欲望已经不高了吧。再请各位想象一下，在拿到奖金后，在获得假期后，想干什么呢？出国旅游是个主要选项，没错吧。或者一家人去一家好的餐馆，没错吧。而这些消费，皆属于第三产业的消费。"

当然，我并不是说诸如"接单代工"之类的制造业工作不能做，只是想强调"与造东西相比，卖东西更难"，而这点是必须认识到的关键。如果东西造了出来却卖不掉，就成了不良库存，这会导致诸如仓库费用和贷款利息之类的"负面经费"增加。而这种"只着眼于生产制造，不认真思考市场销售"的倾向，正可谓共同作业所的通病。

与高木诚一先生的邂逅

我们YAMATO福祉财团举办的研讨会不但包括晚宴，而且在晚宴后还会设置"畅谈环节"，让大家对"希望尝试的具体业务和工作"畅所欲言。有一次，席间有人建议道："卖吃的东西如何？就是那种人们会反复消费的食品。"我觉得这个点子不错。与木工制品等不同，食品是消耗品，一旦吃完，就要再买。于是我也在脑中畅想自己平时喜欢吃的东西，然后作为提议分享。

而席间的各位与会者亦是如此，他们纷纷提出具体的点子——"制作晚餐用的熟食，卖给家务活儿繁忙的主妇如何？比如沙丁鱼煮生姜，味道很好的""用宅急便运送北海道产的新鲜马铃薯和洋葱，作为'咖喱饭配套食材'售卖的话，可以有三成毛利哦"……

这样的讨论，用经济学术语来说，就是"思考市场营销策略"。席间还有人提议"做面包如何？"，不过立马有人否定道："行不通的。做面包工序复杂，我有失败经验。"

后来有一天，广岛的"高木烘焙（TAKAKI BAKERY）"

公司的高木诚一社长联系到我，说想与我见面。对于高木先生，我久仰其大名，其掌管的高木烘焙公司在日本全国拥有多家名为"安德森（Andersen）"的烘焙直营店，而安德森旗下还拥有"小人鱼（Little Mermaid）"现烤新鲜面包店，但我之前与他素未谋面。

问其缘由，他告诉我，其公司正在开展"消费者投诉清零"的活动，而在该过程中，他体会到"消除消费者不满，让消费者百分百满意"的不易，并由此对YAMATO运输公司"杜绝错误，精准投递"的"高尔夫宅急便"服务感到佩服，所以他希望与我进行一次对谈，对谈内容会登在他们公司的内部刊物上。记得那时是1996年末。

对此，我当然爽快地答应了，于是我们在东京进行了对谈。对谈结束后，我向高木先生提起"自己对面包的烘焙和销售感兴趣"，结果他说："如有需要，我愿助一臂之力。"于是在次年（1997年），我造访了他们公司位于广岛的总部，参观学习了以"冷冻生面团"为原材料的面包生产工艺。这回轮到我感到佩服了。

高木诚一先生的父亲，亦是高木烘焙创始人的高木俊介先生，其生前发明了独特的面包生产方式。该方式将生面团在工厂先进行"预发酵"，接着经过熟成、成形工序后，最后将其急冻。不仅如此，高木俊介先生为了在日本普及"食用面包的习惯"，将该生产方式的专利无偿公开。

面包店只要每天解冻所需的量,在装点加料后放入烤箱烘烤即可。仅通过如此简单的作业,面包店便能销售香喷喷的现烤面包。而我当时也立即在高木烘焙公司总部的研修所体验了一把"如何做面包"。通过该体验,我发现,就连我这样的"菜鸟"也能上手。

作者在高木烘焙的"青苑研修寮"尝试做面包。摄于1997年。

于是我向高木诚一先生道出了自己"希望为残障人士就业出一分力"的想法,结果他爽快地给予了支持,答应提供做面包用的冷冻生面团。不仅如此,他还派讲师去我们YAMATO福祉财团的研讨会上讲课,免费传授有关面包生产技术和经营方面的知识。此举实在令我感激。遗憾的是,高木烘焙公司的讲师指导虽然博得了研讨会参加者的好评,但却没有参加者去付诸实践。

"天鹅烘焙"1号店开张

好不容易请到了高木烘焙公司的讲师来研讨会办讲座,倘若仅止于理论学习,那就丧失意义了。鉴于此,我决定让我们YAMATO福祉财团"身先士卒",开始经营面包店。毕竟凡事都是实践出真知。

放手实践,其义自见。哪怕干砸了,反省后改正即可。但如果不去实践,就绝对不会明白,也无法接近目标。换言之,一旦目标已定,唯有向其迈进。

于是,承蒙高木烘焙公司对生产和销售环节的指导,1998年6月,"天鹅烘焙(Swanbakery)"1号店在东京银座开张。该店是同期创立的"天鹅株式会社"的直营店。天鹅株式会社的资本金为1亿日元,由YAMATO运输公司全资出资,由我们YAMATO福祉财团协助运营。

该1号店位于我们财团所在大楼的1层,店面大小约为70平方米。该店由6名残障人士和6名健全人士打理,每天前来光顾的客流数量平均超过300人,其主要是上班族。对于店里的现烤面包,客人普遍评价味道不错,但没人察觉店员中有残障人士。

店里支付给残障店员的月薪超过 10 万日元。有一次，一名残障店员的母亲告诉我——"女儿原本一直躲在家中不愿出去，可在天鹅烘焙工作后，她脸上日渐有了笑容。到了休息日，还会学习弹钢琴。"

还有残障男店员在天鹅烘焙工作后，开始在闲暇时间去道场学习空手道。对其父母而言，儿子如此喜人的转变，简直就像做梦。而在我看来，这正是"Normalization"（译者注：让残障人士融入社会，像普通人那样工作生活）理

"天鹅烘焙" 1 号店开张当日。摄于 1998 年 6 月，地点为东京银座。照片左边为时任 YAMATO 运输公司社长有富庆二先生，照片右边为高木烘焙公司的社长高木诚一先生。

念的体现。换言之，所谓"Normalization"，并非只是在车站等地方建点儿无障碍通道那么简单，而是要打破人们心中的"障壁"，消除诸如"残障人士能力低下""残障人士不愿工作"之类的偏见。无论残障还是健全，每个人都是平等的个体，理应相互尊重，共同奋斗。只要做到这点，就会发现，其实残障人士和健全人士之间，并没有那么悬殊的能力差距。而对我个人而言，则希望有更多的残障人士能体会到"与众人一起工作劳动"的幸福感。

有了加盟连锁

1号店开张后不久,东京北区上十条(地名)的一位女士对我说:"我参观了贵店,觉得店员快乐开朗,职场氛围很好。我想加盟贵店,开一家连锁店。"这位女士名叫小岛靖子,在(残障人士)护养学校当了32年的教员。据她说,在她的学生中,有不少毕业后虽然一时找到了工作,却因无法融入职场而辞职。鉴于此,她想为这些学生提供一个就业场所。

加盟我们天鹅烘焙无需加盟费。而对于解冻机之类的硬件设备,我们也会提供优惠和便利。比如整套设备买齐需要1000万日元左右,但向租赁公司租借,每月大约支付15万日元即可。

问题在于,小岛女士想开店的地方位于远离商店街的住宅地。我请来高木烘焙公司的专家为她调研,结果专家的意见是"该地段欠佳,一天的营业额最多也只有5万日元上下"。因此我劝小岛女士放弃,可她却执意要开店。结果她非但不放弃,还拉到了志同道合者的赞助,一起创办了有限公司。于是在1999年5月,"天鹅烘焙"十条店开张。这等于是天鹅烘焙的2号店,也是天鹅烘焙的首家加盟店。

该店开张后,其实际客流和营业额果真如高木烘焙公司的专家所言,因此经营形势严峻。可对此,小岛女士却说道:"既然来店光顾的客人少,那我们就出去上门推销。"

周边的常客和年迈人士的府上自不必说,就连当地的区政府、医院、学校、消防局、警察局等,都成了其上门推销的对象。小岛女士"打头阵",先去这些地方拜访,打好招呼,之后叫残障店员拿着面包上门推销。她的敏锐之处还在于发现了"夜班岗位"的需求。比如警察,在夜间执勤时,他们是不能离岗去拉面店等地方吃夜宵的,而如果有人上门卖面包,就解决了他们半夜填饱肚子的问题,自然受到他们的欢迎。可见,在销售方面,小岛女士是下了一番功夫的。

此外,每周1次,她店里的残障员工会拿着面包,乘坐地铁,前往东京霞关的厚生劳动省办公所在地,进到里面分管福利事业的部门,向那里的公务员们推销面包。这也是小岛女士之前的"布局"。在天鹅烘焙十条店开业当日的庆典仪式上,厚生劳动省的科长作了祝辞发言。祝辞完毕,小岛女士立马问道:"科长,如果我们到时候上门来推销面包,您会买吗?"对此,科长答应道:"当然会。"这科长肯定没想到，她还真叫人上门来推销了。大老远拿着面包来卖的残障员工一边说"科长，我们来了哦"，一边走进办公室，那该科的办事员们哪能不买。如今在厚生省，公务员们每周四中午吃"天鹅烘焙"的面包，已然成了一种惯例，并且获得了"好味道"的口碑。

不仅如此，如果来店光顾的客人有亲戚住在外地，小岛女士就会用宅急便，把面包快递给客人的亲戚。2001年11月，该店又加设了可以边吃面包边喝咖啡的桌子和座位，且每天的营业额提升至20万日元左右。店员一共大约25人，其中13人为残障人士。至于残障人士的工资，虽然根据每个人的劳动时间而有所差异，但其中亦有拿到10万日元以上月薪的人。

我在研讨会上经常强调"需求不是摆在那里的，而是要自己创造的"。而小岛女士就是一个榜样，一个典型，她成功克服了"店铺地段不佳"的劣势，创造出了顾客的需求。她的热情和行动力，是许多平庸的企业经营者所不可及的。在我看来，她值得赞扬，值得表彰。

为了让更多人了解和学习她的成功事迹，我请她作为讲师，在我们财团举办的研讨会上传授经验。而在演讲时，她头一句就开门见山道："我不是在干福利事业，而是在想办法赚钱。"接着她又说道："不过在经营面包店的过程中，我的确创造了让区政府和厚生劳动省的公务员们与智障等

1999年5月22日，在天鹅烘焙十条店的开业庆典仪式上，作者接受了店员递赠的花束。照片中从左到右数第3个为小岛靖子女士

残障人士面对面交流的机会。对这些公务员而言，'残障人群'不再只是文件上的字眼。所以我或许也能算在为福利事业出力吧。"她的豁达、直率和谦虚，令我诚惶诚恐。

第二十一章 与自闭症患者烧炭

邂逅烧炭名家杉浦银治先生

如今，我们 YAMATO 福祉财团的实习研修课程除了烘焙，还有烧炭。而后者的缘由，则要从与烧炭名家杉浦银治先生的邂逅说起。

我最早是通过其著作了解杉浦先生的事迹。第二次世界大战时，他入职于日本宫内省（译者注：管理天皇家族事务的机构）皇家林野局。从那之后，他一直专注于研究烧炭工艺。后来曾任林野厅的研究室主任，如今是"日本烧炭协会"的副会长。

2000 年 2 月，我前往他的炭窑，实际参观学习烧炭工艺。其炭窑位于东京八王子市，到了约好的那天，杉浦先生在八王子市的市政厅等我。我俩碰头后，便从市政厅出发，驱车经过恩方町，朝着阵场山前进。开至窄路后，我俩便下车步行，穿过溪涧。我拿起地上的树枝充当登山杖，走上较陡的山坡。途中的河流（大概是浅川的源流）已然结冰，山中寒气逼人。当时我的脚底板就如针刺一般，近乎麻痹。

杉浦先生的炭窑位于阵场高原的山麓，里面的装潢温馨又随意，俨然一间"烧炭教室"。学员们可以围着杉浦这位老师，轻松愉快地学习烧炭技艺。而在参观结束后，我与他把酒言欢，围炉畅谈，其间得知了他不少的有趣经历——为了传授烧炭技艺，他经常满世界跑。比如在东南亚教当地人依靠烧炭来维持生计等。他的这种生活方式，着实令我心驰神往。

木炭曾经是日本人生活中不可或缺之物。但随着石油工业的发展，其"作为燃料"的功能日渐弱化。然而近年来，其除臭、防潮等功效再次受到重视。不仅如此，其日益成为野外烧烤燃料的人气之选。再加上"中和土壤酸性"的作用，其在土壤改良和森林再生等方面亦有用武之地。因此我认为，城市适合搞烘焙，而乡镇地区或许适合搞烧炭。

博爱之家

2001年7月，在我们财团的资助之下，位于福冈县嘉穗郡颖田町的福利机构"博爱（Caritas）之家"建起了用于烧炭的炭窑，并在完工当天举行了点火仪式。

我最初是从一家天主教读物出版社的编辑那里听说博爱之家的。那位编辑介绍，博爱之家的总负责人原田芳枝女士自掏腰包，接纳了许多重度自闭症患者。由于设施场地较小，她便向银行贷款扩建。可眼前令她头痛的问题是贷款还不上。

重度自闭症患者有时会做出"用头撞墙"之类的自残行为，有时又会做出"向家人施暴"之类的伤害他人的行为，有时甚至会导致"一家人不堪忍受而最终分崩离析"的悲剧。所以说，重度自闭症患者需要像"博爱之家"这种能接纳他们的福利机构。

了解此事后，我先是自掏腰包捐助。我不愿留名，因此在汇款人一栏写教徒名——"亚西西的方济各（Francesco of Assisi）"。后来我从上述那位编辑那里得知，收到捐款的原田女士甚为惊讶,一时身体颤抖不止。我如此汇款多次后,才想起如果没有明确的慈善捐款证明,在申报纳税时就会出麻烦。于是我不得不厚着脸皮,致信原田女士,自报身份并说明原委。

之后我与原田女士会面,其间我向她提议开展烧炭业务,从而给自闭症患者提供劳动岗位,她对此表示赞成。再加上杉浦先生答应给予技术指导,清水建设公司答应予以施工,于是该项目得以敲定。鉴于一口单窑将木炭烧制而成要花费7天,因此一共建了七口窑。原田女士将其命名为"凛光窑"。而福利机构里的自闭症患者则分工劳动,有的搬运木材,有的生火,有的打扫……烧炭业务就这样启动了。

我之所以拜托清水建设公司施工,是因为其会长今村治辅是我当年东高网球部的学弟。除了建炭窑,我还拜托他"给福利设施的职员建一栋宿舍,要能容纳50人左右,造价不能高",而他亦爽快地答应了。此外,由于卖炭需要销售渠道加持,我拜托YAMATO运输公司全额出资,成立了名为"天鹅网络(Swannet)"的商社。纵观市场环境,如今的木炭行业普遍处于销路低迷的状态,因此要让该业务迈入正轨颇为不易。但既然得到了多方人士的协力和帮助,我就一定要想办法把它搞好。

记得"博爱之家"的炭窑刚建好,杉浦先生便说:"咱们用炭窑的热气烧水,搞成露天浴池,招呼附近的老人们也一起来,大家先泡澡,然后烧烤加喝酒。"可见,被熟人们爱称为"银爷"的杉浦银治先生真是一个浪漫主义者。而我也认为"经营即浪漫"。此外,"好酒"也是我俩的相似之处。

作者在建成的"博爱之家"的炭窑前留影,摄于2001年。

后　记
志在建立"能让残障人士融入其中、工作其中"的社会

再说回面包烘焙业务。2000年，我们天鹅烘焙的3号店和4号店陆续开张。这两家店分别位于落合（东京都新宿区）和三原（广岛县三原市），且皆为加盟店。

而至于5号店的构想，则始于与作家兼日本财团会长的曾野绫子女士的一次交谈。当时，日本财团计划迁至东京赤坂，而她希望"将大楼1层的空间用于福利事业"。

曾野女士和我妻子玲子是圣心女子大学的同窗，通过玲子，我得以结识曾野女士。1996年，日本财团欲让我担任其评议员，结果运输省又从中作梗。因为那一年，在日本社会经济生产效率总会举办的研讨会上，我在发言时说道："运输省的官员们，还不如小学五年级学生。"

我当时的意思是，连小学生都会来货运业的作业现场参观，可那些官员们却不来，连企业的实际情况都不了解的官员，纳税人养来又有何用？结果这番话激怒了运输省

的干部们，于是对我就任日本财团评议员一事表示强烈反对。对此感到愤怒的曾野女士以"运输省拒绝承认我方选出的评议员属不当行为"为由，起诉了时任运输相的古贺诚，结果运输省立马撤回了反对意见。运输省的此举让我进一步确定，那些官员还真是连小学生都不如。

言归正传，在曾野女士的热心帮助下，我们天鹅烘焙的 5 号店以格外低廉的租金，使用日本财团赤坂办公大楼 1 层的空间。其大楼周边外资企业林立，可谓超一等的商务中心地段。可高木烘焙公司的专家的意见却是"该地段不太适合开面包店"——由于其商务中心的性质，因此周六周日的客流很不乐观。不过如果拿地段说事而打退堂鼓，那真要被天鹅烘焙十条店的小岛女士耻笑了。

既然周六周日营业额不行，那就努力提升工作日的营业额。除了现烤的面包，再引入从美国西雅图直接进口的高级 espresso（浓缩咖啡）。在这种"誓要与星巴克较高下"的劲头和气势下，天鹅咖啡 & 烘焙赤坂店的概念构思在我脑中成形，这也是我们天鹅烘焙的第二家直营店。

2001 年 11 月的开业庆典仪式上，作为同一条街区的"邻居"，美国驻日大使馆的霍华德·贝克（Howard Baker，美国政治人物、外交官，曾出任过美国驻日本大使）大使及其夫人也前来道贺。此外，小泉纯一郎首相亦在百忙之中抽出时间，莅临了我们店，并亲笔写了一些上书"无信不立"的纸笺，赠给我们的店员。

小泉先生与我在一个私下的"学习会"场合彼此相识，我俩因"邮政民营化论"而意气相投。我由衷希望他能贯彻邮政民营化改革。如果换作我当首相，我真想把位于东京霞关的政府机关统统废除，让那些官僚们全部下岗。

对于目前的福利行政，我觉得其基本方向就有错误。对于福利机构，厚生劳动省以"接纳的残障人士数量"及"运营的资产规模"等为基准，对于各社会福利法人机构给予认证并提供"设施费"等资助。即所谓"单纯以搞基建为目的"的行政理念。这导致不少福利法人机构和社会团体对政府的这种"公费拨款"趋之若鹜，乃至形成了一种"利权结构"。可在我看来，不应一味将残障人士"圈养保护"。反之，创造让他们能与健全人士一同工作劳动的自立环境，才是当务之急。

鉴于此，我们 YAMATO 福祉财团主要致力于扶助未获厚生劳动省认证的广大共同作业所。我认为，共同作业所与其受政府衙门束缚、拿政府衙门拨款，不如推进经营改革，引入自由市场机制，成长为有限公司或株式会社之类的民营企业。

哪怕目前只能支付给残障人士 1 万日元的月薪，也要先尝试 3 万日元的月薪基准。假如发现 3 万日元确实导致

作者为贝克大使介绍店内情况,摄于2001年11月。

作业所运营入不敷出,那就事后向残障人士们道歉——"对不起,是我判断错误,把问题想得太简单了",然后改成2万日元即可。就拿我来说,经营了这么多年企业,几乎一直在犯错和道歉。等到作业所运营状况好一些后,就再次尝试3万日元的月薪基准,如果没问题,那就接着尝试5万日元。就如登山一般,步步往上。而前面数次提及的10万日元月薪,也绝非最终顶峰。总之,听再多道理,如果不去做,则等于止步不前。姑且实践,其义自见;若不实践,便义不见。

而我的终极理想，则是让所有企业都能接纳残障人士作为员工。可正如前述，如今日本的不少企业不遵守1.8%的残障人士雇用比率下限规定，转而交点儿罚款作为"免罪符"了事。这实在令人痛心。因此我想通过把我们的天鹅烘焙等业务做大做强、创造业绩，从而让所有的企业经营者明白"残障人士亦有充分的工作能力"。所以说，共同作业所应该将自身定位为"让残障人士最终在普通企业工作的训练场"。

继5号店后，我们天鹅烘焙的山口店（位于山口县山口市）和太田店（位于群马县太田市）亦开张。截至2002年夏，我们天鹅烘焙总共已有7家门店。尤其是太田店，承蒙作为"谋士"的清水圣义市长的协助，该店得以开在市政府大楼旁。

2002年10月末，在位于东京银座的天鹅烘焙1号店的旁边，我们又开出了"天鹅咖啡银座店"。该店基于赤坂店的经验，旨在尝试新的服务内容。其以"咖啡"和"三明治"为主要品类，每天早上7点半开始营业，并推出"早市面包自助"的优惠活动。而从傍晚至夜间9点半，则推出"小酌时间"，向光顾的客人提供葡萄酒之类的酒水和下酒的简餐。我们请来东急文化村（译者注：东急文化村是东京举办艺术展、音乐会、芭蕾舞演出以及上映电影的城市文化综合体）的双叟咖啡厅（Les Deux Magots）

主厨，可谓在餐品方面下足了功夫。双叟咖啡厅源于法国巴黎，其声名远扬，是众多艺术家的心头好。

开业当天的天鹅咖啡银座店

天鹅咖啡银座店店员共有 20 人，其中 14 人为残障人士。大家分为早中晚三班，以轮班的方式工作。有的残障人士在厨房工作，有的残障人士给客人点单。虽然他们说话可能不太利索，但拼命努力的态度让顾客心生好感。而在该店开张后，我也立马去享受了一番那里的葡萄酒和鸡尾酒。我希望店员们今后继续发挥创意，尝试各种新服务。对于企划的具体细节，我采取"不予干涉"的态度，任由店员们去发挥。

在得知我在开展的福利事业活动后,有一位好心人联系到我,说愿意提供位于轻井泽的5000坪(1坪=3.3057平方米)土地。对方说:"这土地是父母传下来的,但自己不需要,所以愿意无偿赠送。"由于该土地或许能作为"残障人士的工作场所",因此我打算满怀感激地接受这番好意。而我向烧炭名家杉浦银治先生提及此事后,他便把农业专家横森正树先生介绍给了我。据横森先生评估,轻井泽的土地适合种植生菜之类的高原蔬菜。于是我开始构思企划,希望能有效利用这块地。

曾经作为YAMATO运输公司的企业经营者,我发明了宅急便服务,创造出了业绩,并从公司功成身退。但在福利事业领域,我还是初出茅庐者,至于最终能创造怎样的业绩,且看今后。

小仓昌男年谱

1919年11月，父亲小仓康臣创立大和运输公司。

1924年12月13日，出生于东京都涩谷区代代木。

1927年10月，小仓康臣为出席万国汽车运输会议而远赴欧洲。

1931年2月，长达47天的劳动纠纷爆发，作者家宅亦遭袭。

1931年4月，入读幡代普通小学。

1937年4月，入读旧制东京高等学校普通科（初中部）。并加入学校网球部，开始了埋头打球的生活。

1939年，亲生母亲伯奈去世。

1941年4月，升入旧制东京高等学校高等科（高中部）。

1943年9月，由于处于战时，毕业所需的学习时间被缩短，最终提前从旧制东京高等学校毕业。同年10月，入读东京大学经济系。

1944年10月，从东京大学休学，转而进入福冈久留米的第一预备士官学校。

1945年6月，从第一预备士官学校毕业，被分配到东海第28部队下属的独立野炮兵第33大队。

1945年8月，由于战争结束而退伍复员，并复学东京大学。

1947年9月，毕业于东京大学经济系。

1947年10月，入职绿化成工业公司。

1948年9月，入职大和运输公司。

1948年12月，因肺结核而住院。

1949年4月，因病停职，暂时离开大和运输公司，开始长期疗养生活。

1953年11月，复职大和运输公司。

1954年7月，被外调至大和运输公司的子公司——静冈运输公司。担任该公司的总务部长一职。

1956年9月，外调结束，回到大和运输公司，担任百货店配送部部长一职。

1956年10月，与望月玲子结婚。

1957年1月，大和运输公司向有关部门提交了小田原至大阪之间的东海道公路运送线的货运资质申请。

1957年3月，与美国的Allied Van Lines公司建立了业务合作关系。并取得了使用该公司"亲子猫"LOGO的许可。

1957年6月，大和运输公司敲定了自家的"亲子猫"LOGO设计，并开始使用。

1959年9月，担任营业部长一职，并负责与工会的交涉工作。

1960年2月，开始涉足为美国纽约服务的国际航空混载货运业务。

1960年3月，启动东京至大阪之间的公路货运业务。

1961年1月，赴美参加卡车运输行业年度大会。归途中顺便访问参观了UPS（United Parcel Service，联合包裹）公司。

1961年3月，成为大和运输公司董事。

1961年10月，大和运输公司成为可口可乐东京灌装厂的独家货运承接商。

1965年3月，成为大和运输公司专务董事。

1965年4月，首次使用载货量高达10吨的半挂车。

1969年7月，父亲小仓康臣因脑梗死而病倒，故代为暂行社长职能。

1969年10月，大和运输公司举行公司成立50周年庆典。

1971年3月，就任大和运输公司社长。

1971年4月，设立大和运输公司纽约营业所。

1973年10月，第4次中东战争爆发，导致第1次石油危机。大和运输公司经营状况急剧恶化。

1975年8月，亲自起草《宅急便开发纲要》文件，并提交董事会。

1976年1月，宅急便业务启动。

1976年3月，打出首支宅急便电视广告。

1976年7月，为配合宅急便运营体系，开始在公司总部开展组织改革。

1977年3月，1976年度的宅急便合计收件数高达1705195个，创造了新纪录。同年，宅急便枢纽中心站的数量亦在如火如荼地增加。

1978年1月，宅急便的月度收件数在上一年12月达到了百万件，作为纪念，公司发给员工特制的"三笠山"（译者注：圆盘状蛋糕胚加上红豆馅夹心的日式糕点）。同年，公司正式开始录用女性行车业务员（Sales Driver）。

1979年1月，父亲小仓康臣去世。

1979年2月，大和运输公司不再承接三越百货的商品配送业务。

1979年12月，完成从"大批量货运"向"小批量快递"的业务转型。

1980年8月，申请国道20号线（山梨线路）的卡车货运资质，遭到运输省的阻挠。

1980年10月，启用"新黑猫系统"（宅急便在线）。

1981年，业内同行们相继涉足"类宅急便"业务，史称"动物大战"。

1981年4月，启动"3年领头羊计划"。旨在建成覆盖日本全国的配送网络，以及扩大能实现"次日达"的地区范围。

1982年10月，公司名称正式变更为"YAMATO运输公司"。

1983年，公司1982年度的营业额突破1000亿日元，员工数超过1万人。

1983年3月，为了推出"P尺寸"，向运输省提交新资费标准许可申请，结果不被受理，因此在同年5月打出广告，告知消费者"由于运输省审批环节的搁置，导致'P尺寸'不得不延期推出"。同年7月，"P尺寸"终获运输省审批通过。同年8月，"P尺寸"正式推出。

1983年11月，启动国际宅急便服务。

1983年12月，启动"滑雪宅急便"服务。

1984年1月，围绕国道20号线的卡车货运资质申请问题，运输审议会举行了听证会。

1984年3月，1983年度的宅急便收件数突破1亿件。

1984年4月，启动"高尔夫宅急便"服务。

1984年5月，公司1983年度的营业额超过了西浓运输公司。至此，时隔20多年，YAMATO运输公司再次夺回公路卡车货运行业冠军的宝座。

1985年10月,所有宅急便服务皆实现了对"收件人付款"方式的支持。

1986年4月,设立大和运输英国分公司。同年5月,又设立大和运输西德分公司和大和运输法国分公司。

1986年8月,起诉日本运输省大臣的违规行为。

1986年11月,启动"宅急便Collect"服务(译者注:邮购商品送达后,顾客再支付商品款)。

1987年2月,启动"UPS宅急便"服务。

1987年6月,辞去社长一职。就任会长职务。

1987年8月,启动"冷链宅急便"服务。第二年该服务在日本全国铺开。

1988年5月,与日本罗森缔结合作关系。至此,日本的各罗森便利店成为宅急便的收件及取件代理店。

1989年3月,与日本7-ELEVEn缔结合作关系。至此,日本的各7-ELEVEn便利店成为宅急便的收件及取件代理店。

1989年11月,YAMATO运输公司举行公司成立70周年庆典。

1991年4月,妻子玲子去世。

1991年6月,转任公司顾问。

1993年6月,重回公司会长之位。

1993年9月，设立法人机构——YAMATO福祉财团，并出任理事长。

1995年6月，不再担任YAMATO运输公司的会长，并辞去YAMATO运输公司的一切相关职务。

1996年8月，以从事福利事业的人士为对象，开始举办经营研讨会。

1998年6月，就任天鹅株式会社的董事长职务。同月，"天鹅烘焙"1号店在东京银座开张。

1999年5月，天鹅烘焙的首家加盟店在东京上十条开张。

2001年4月，就任天鹅网络（Swannet）株式会社的董事长。

2001年7月，帮助福冈县的"博爱（Caritas）之家"建起了用于烧炭的炭窑。

2001年11月，直营店"天鹅咖啡＆烘焙 赤坂店"开张。

2002年10月，天鹅咖啡银座店开张。

2005年6月30日，去世。

解说 "足金老师"与小仓先生

——日本经济新闻社编委 盐田宏之

2002年2月,我有幸参加了小仓昌男先生的"喜寿生日会"。其间,小仓先生与为他举办这次生日会的亲朋好友们谈笑风生,却又稍显腼腆。如此过了两个多小时后,他作了收尾的感谢致辞。记得他当时以自己喜欢的烧酒为喻,说"希望追求透明且自由的活法"。此言令我不禁联想起黑泽明导演的电影《一代鲜师》(译者注:又被译为《袅袅夕阳情》)。

该电影的男主角是一名老师,其以小说和散文作家内田百闲为原型。电影描绘了该老师与其学生们的互动和交流。片中的这名老师感情丰富,仅仅因为收留在家的野猫不见踪影,就悲伤得茶饭不思,搞得他的夫人和学生们担心。在旁人看来,他似乎相当"靠不住"。可就是这样的人,却深受那些毕业后已然踏入社会的学生们的敬仰,还获得了"足金老师"的爱称。为了让老师宽心,学生们还分头去找那只野猫。不仅如此,从他迈入花甲之年起,学生们每年都会为他庆祝生日。

而在我眼中，上述电影中的老师似乎与小仓先生有不少重合之处。当然，小仓先生断然不是什么"靠不住"的人，但他毫不掩饰地说出诸如"东京霞关政府机关的官僚们应该全部下岗"之类的惊人之语时，着实也让关心他的周围人为他担心。而他无垢纯粹的赤子之心，使许多人仰慕于他。这点的确与片中的那位老师如出一辙。17年前，庆祝小仓先生迎来花甲之年的生日会有个别出心裁的名字，叫"清浊共饮会"。因为小仓先生刚强直率，但凡碰到看不过去的事，绝不会沉默，所以生日会的发起人们幽默调侃地起了这么个名字，意为"有时浊酒也得喝点儿"（译者注：即"眼里要容得下沙子"之意）。

总之，对于不合理的事情和现象，小仓先生绝对看不过去。在担任YAMATO运输公司社长期间，当他打算拓展宅急便的配送网络时，对于运输省（如今的国土交通省）拖延审批相关物流运输道路通行资质长达5年之久的不作为行径，他予以强烈批评，最终甚至起诉了当时的桥本龙太郎运输相。如今，身为YAMATO福祉财团的他，一直奔走呼吁"残障人士月薪1万日元太不合理"，并以给予残障人士就业岗位的共同作业所为对象，在日本全国各地传授经营知识和经验。

小仓先生所主张的理念单纯明快，若是纯真的孩童或热血的年轻人，在面对类似不合理的事情和现象时，应该会和他一样心生疑问或义愤填膺吧。可我们中的大多数人随着年龄的增长，棱角的磨平，在面对各种不合理时，便会不知不觉地退缩或放弃——"现实没有那么简单""靠我一己之力等于徒劳"……像前述那样把分管自己的行政部门领导告上法庭的举动，可谓完全颠覆了日本企业家的"常识"。即便有获得民意和媒体支持的把握，常人也难有敢于为之的胆魄。但小仓先生就是如此刚直不阿——"不合理的东西就是不合理"，并敢于改变不合理的现实，敢于不断实践行动。在拜读了他的《我的履历书》连载后，我惊觉自己已失纯真，变得世故圆滑。

不仅如此，小仓先生还敢于"为常人所不能为"，他一直把"别人因太难而望而却步之事"作为自己的企业经营目标，并勇于尝试，敢于挑战。之前普遍被认为"吃力还亏本"的宅急便服务是如此，"为了让残障人士自立自足而将他们的月薪提高至10万日元水平"的福利事业亦是如此。在困难面前，他似乎愈挫愈勇，甚至给人乐在其中的感觉。"经营即浪漫"——这句话想必是他由衷的心声。此外，小仓先生年轻时的大病经历和失恋痛苦，一度使他陷入绝望的深渊，但这也是他开始信奉基督教的因缘所在。因此在他的人生理念中，无疑也包括"被神救赎""被神赋予了有意义的事业"的使命感。

但要达成企业的经营目标，光靠领导一人自然不行。即便领导再优秀，倘若员工们不响应、不跟进，则目标最终还是无法达成。因此，对于大多数人眼中"不可能达成的目标"，领导必须拥有敢于尝试的勇气和带动员工的能力。如今，小仓先生虽已彻底离开YAMATO运输公司，但从他在YAMATO福祉财团举办的研讨会上的演讲中，依然能感受到他身为企业经营者的领导能力和魅力。每次演讲，他都会以平易近人的语言，介绍自己的实际经验，提供各种启迪，并以这样的话语结尾。

"姑且实践，其义自见；若不实践，便义不见。倘若失败，道歉后改正即可。"

目标既定，就莫再犹豫彷徨，唯有付诸实际行动。在我看来，小仓先生的这番箴言，似乎是对如今不少陷入闭塞状态的日本人的一种呼吁。

（文中头衔皆沿用本书初版内容）

图书在版编目（CIP）数据

小仓昌男自传 /（日）小仓昌男 著；周征文 译. —北京：东方出版社，2023.7
ISBN 978-7-5207-3372-4

Ⅰ.①小… Ⅱ.①小… ②周… Ⅲ.①小仓昌男—自传 Ⅳ.①K833.135.38

中国国家版本馆 CIP 数据核字（2023）第 044639 号

KEIEI WA ROMANN DA! WATASHI NO RIREKISYO written by Masao Ogura
Copyright © 2003 by Masao Ogura. All rights reserved.
Originally published in Japan by Nikkei Publishing Inc.
(renamed Nikkei Business Publications, Inc. from April 1, 2020)
Simplified Chinese translation rights arranged with Nikkei Business Publications, Inc.
through Hanhe International (HK) Co., Ltd.

本书中文简体字版权由汉和国际（香港）有限公司代理
中文简体字版专有权属东方出版社
著作权合同登记号　图字：01-2023-0321 号

小仓昌男自传
(XIAOCANGCHANGNAN ZIZHUAN)

作　　者：	［日］小仓昌男
译　　者：	周征文
责任编辑：	王　萌
责任审校：	金学勇
出　　版：	东方出版社
发　　行：	人民东方出版传媒有限公司
地　　址：	北京市东城区朝阳门内大街 166 号
邮　　编：	100010
印　　刷：	北京文昌阁彩色印刷有限责任公司
版　　次：	2023 年 7 月第 1 版
印　　次：	2023 年 7 月第 1 次印刷
开　　本：	880 毫米×1230 毫米　1/32
印　　张：	9.625
字　　数：	130 千字
书　　号：	ISBN 978-7-5207-3372-4
定　　价：	68.00 元
发行电话：	(010) 85924663　85924644　85924641

版权所有，违者必究
如有印装质量问题，我社负责调换，请拨打电话：(010) 85924602　85924603